文庫版
大学１年生の歩き方

トミヤマユキコ
清田隆之

集英社文庫

文庫版

大学1年生の歩き方

もくじ

ト トミヤマ　清 清田

コミュニケーションの7月

自由の8月

恋愛の9月

ト トミヤマ　清 清田

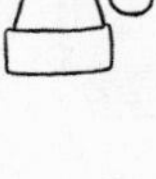

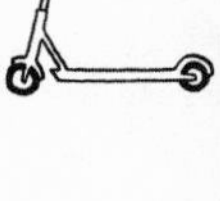

文庫版

大学１年生の歩き方

まえがき

大学1年生といえば「大学デビュー」です。入学シーズンになるとSNSで「#春から〇大生」なんてハッシュタグも飛び交いますが、高校時代までの自分を脱ぎ捨て、新しい自分に生まれ変わるぞ！　そんな気持ちを抱いたことのある人も多いと思います。しかし、ここにはそういうことは一切書かれていません。具体的に言うと「学生生活に失敗したくないけど、キラキラ大学生になりたいワケでもない大学1年生」に向けて書かれた本で、地味でじれったいコンセプトだな……と思います。でも、学生たちの中にはこういった思いを抱えている人が多いのも事実です。

大学1年は不安まみれの時期です。子どもなのか大人なのかよくわからず、高校までと違って学校は基本的に放任主義。さらに、近年は大学の〝就職予備校化〟がますます進んでおり、入学直後から「将来に直結するような選択をしなければ……」というプレッシャーにさらされてしまう。平穏なキャンパスライフを望んでも、それすら難しいのが大学1年生のリアルです。

また、この本は2017年に刊行された単行本を文庫化したものですが、2020年の春先から始まったコロナ禍によって社会の状況は一変し、オンライン授業が増えたり、飲み会がしづらくなったりと、学生さんたちの生活にも大きな影響を及ぼしていることと思います。

ここでは、みなさんよりふたまわりくらい先輩のトミヤマユキコ（ライター・大学准教授）と清田隆之《きよたたかゆき》（ライター・桃山商事《ももやましょうじ》代表・大学非常勤講師）が、過去の失敗を踏まえ、ときに己の黒歴史を披露しながら、怒濤《どとう》の12か月を乗り切るための方法について語っていきます。人間関係でしくじるのが怖い、何をすればいいかわからない、一度失敗したらもう終わりだ——。そんな風に考えてしまいがちな人に向け、ありったけのメッセージを詰め込みました。

その名の通り、基本的には大学1年生に向けて書かれた本ではありますが、高校生が読んでも、かつて大学1年生だった人が読んでも、大学生のお子さんがいる人が読んでも、それぞれの味わい方ができる内容になっていると自負しております。

将来の見通しはお世辞にも明るいとは言えず、情報やコミュニケーションのスピードは加速度的に増し、自己責任論が飛び交い、流行や価値観の変化も目まぐるしいこの現代社会を生きる人々にとって、転んだときの絆創膏《ばんそうこう》のような、暗い場所での懐中電灯のような、疲れたときの銭湯のような、そんな存在の一冊になれたらうれしいです。

APRIL

出会いの

4月

- 入学式
- オリエンテーション
- サークル勧誘
- 履修申し込み・クラス決定
- 新歓コンパ・新歓合宿

APRIL 新入生ファッションとサークル勧誘の関係性

APR. Vol.1 誰も教えてくれない大学生活のはじめ方

新入生のみなさん、この度はご入学おめでとうございます！　第一志望の大学に決まった人も、そうでない人も、みんなソワソワと落ち着かないのが４月。新しい環境にうまく馴染《なじ》むことができるのか？　おもしろい授業は見つかるのか？　友だちや恋人はできるのか？　そんなことを考えているんじゃないでしょうか。

大学１年の４月って、人生で最も不安な４月なんじゃないかと思います。幼稚園に入ったときは、先生がトイレの場所から前ならえの仕方にいたるまで、手取り足取り教えてくれました。社会人になれば研修期間というのがあって、名刺の渡し方とか電話での受け答えとか、これまた手取り足取り教えてくれます。

それなのに、大学入学時だけはなぜか「とりあえず周りをよく見てがんばって！」みたいな、非常にざっくりとしたことしか教えてもらえない（学生数が多い大学ほどこの傾向が強い）。それってなんだか理不尽ですよね。

高校までとは違って、いろんな制約から自由になって、なんでも自分で決められるのは最高だけれど、あまりにも指針がなさすぎる。みなさんが不安を感じるのは当然です。

ちなみにわたしは大学から大学院へと進み、今は大学の准教授をやっています。もう20年くらい大学空間にいるのですが（長い！）、いまだに「4月の1年生って不安そうだな」と思います。その点についてはいつまで経《た》っても変化がないんですよ。

というわけで、みなさんが後悔の少ない大学1年目を過ごせるよう、ちょっとだけお節介したいという思いが、本書の根底にはあります。とはいっても、みなさんをイケイケのパリピ大学生にしたいわけじゃありません。学生全員がパリピになっちゃったら怖いですしね（笑）。むしろ陰キャで構わないので、つまらないことですっ転ばなくて済むように、派手じゃないけどイイ感じのスタートが切れるように、お手伝いがしたいのです。

APR. Vol.2

ひと目でわかる「新入生ファッション」とは？

大学入学にあたって、みんな一度は考えるのが「何を着るべきか？」という問題。もう制服はない。校章も名札もない。あなたのことを物語ってくれる強力なアイテムは、もうないのです。ということはつまり、あなたの私服があなたのキャラを伝えるための手がかりとなります。

教員のわたしから言わせると、1年生というのは、オシャレをはりきりすぎているのですぐにわかります。男子は凝ったデザインのネックレスをぶら下げていたり、ズボンの裾をロールアップするとチェック柄になっていたりと、細部にこだわりがちです。が、残念ながらオシャレってのは、細部よりも全体が大事なんだな……。

ここはひとつ、細部へのこだわりを捨てて、シンプルで長く着られる服を入手しませんか。オシャレが全然わからない諸君は、とりあえずユニクロ、GU、無印良品のマネキンが着てるコーディネートを丸パクりしよう！　自分でなんとかしようとすると余計ダサくなるから、まずは何も考えずパクる方向で！　お母さんに洋服を買ってもらってる男子たちには「自分で買え！」と説教したいところですが、まずはお母さんに「これからはユニクロとかGUで揃《そろ》えたい」とお願いするところからはじめてくれ！

女子は1年生の時点ですでに結構オシャレなのですが、メイクが濃くなりがち。子どもの絵のような、非常にダイナミックかつプリミティブな顔面になっている女子も多いです。とくにチークが鬼門なんですよね。あれは塗る位置と量をちょっと間違えるだけでおかしなことになってしまうので気をつけてください（経験者は語る）。合い言葉は

「塗りすぎてはいけない」です。

ちなみに、大学入学当時のわたしは「1年生っぽい＝ダサい」と考える、大変ひねくれた女でした。初々しいのはダサいと思っていたんですよ。だからわざとメイクを薄くし、ズタボロのジーンズを穿《は》き、男物のぶかぶかコートを着て大学に通っていました。高円寺や下北沢にいるような、古着の似合う女の人に憧れていて、でも東京に詳しくないので地元の横浜で服を買っていたあの頃。セルフプロデュースの方向性を完全に見誤ってましたね……。

その結果、1年生だというのにサークルにぜんぜん勧誘されませんでした。2年生になってわかったのですが、いかにも大学デビューだとわかる初々しい見た目は、新入生を勧誘しようとしている先輩たちにとってはものすごくありがたい目印なんです。お互いをよく知らない状態では、相手の見た目だけが判断材料なので。そういう意味で、ぶかぶかのコートを着ている小汚い女というのは、新入生としてあまりにもマニアックすぎました。

しかし、マニアックな人間を求め、目を光らせているサークルもあるにはあるのです。実際、華やかなテニスサークルには無視されまくったけれど、少人数で楽しくやってるバンドサークルには誘ってもらえました。でも、自分からわざわざ間口を狭くする必要もなかったと、今は反省しています。

APR. Vol.3

ギャルサーやイベサーも見ておけばよかった！

サークルといえば「しつこく勧誘されるのでは？」と不安に思っている人がいそうです。わたしもそうでした。気になるサークルはいくつかあったのですが、勧誘のしつこさを恐れて本当に見たかったサークルのうち、半分くらいは諦めてしまいました。しかし、いまどきのサークル勧誘は、昔よりもだいぶマイルドで、フェイドアウトもしやすいと聞きます（とはいえしつこい勧誘にひっかかってしまう場合もあるので、困ったら学生課に相談しよう）。それに、いずれにせよゴールデンウィークを過ぎれば勧誘の数は減っていきます。なぜなら、ご新規さんの獲得よりも、すでに入部したメンバーとの親睦に時間を使いたくなるから。「グイグイ来られるの嫌だ！　怖い！」とか思わなくて大丈夫ですよ。すぐにグイグイ来なくなりますので（笑）。

ちなみに、勧誘されたけど結局入らなかったサークルの人に、授業やゼミでばったり再会する、ということがあり得ます。「あ、あのときはどうも」くらい言える感じの方が、気分的にラクですので、フェイドアウトするときは、連絡先を削除！　ブロック！といった方法よりは、「やっぱりやめます〜すみません〜」ぐらいの挨拶はして去るようにした方が良さそうです。

サークルに関しては、とにかく気になるところを全部覗《のぞ》いてみるのがオススメ。この機会を利用して、まったく興味のないサークルを見ておくのもいいでしょう。わたしも、ギャルが一杯いるサークルとか、意識高い系学生がイベントやりまくるサークルとか、見ておきたかったなあ……。現役大学生へのインタビュー調査でも「最初から的を絞っちゃダメ！　とにかく浅く広く！」という声が多く聞かれました。最初に「最高のサークル見つけた！」と思って、他を見ないでいたら、最高なハズのサークルで、あんなトラブルやこんなトラブルが起こって結局やめることに（泣）……という経験をしている先輩たちもいます。

1年生の４月は、自分の選択のひとつひとつに「ホントにこれでいいのか？」と不安になる時期ですが、どうせ不安になるなら、あっちこっちに首を突っ込み、なるべく多くの選択肢を手にした状態で不安になりましょう。その後の学生生活で徐々に選択肢は狭まっていくのですから、４月の1年生は多少とっ散らかっていても構わない。むしろ全力でとっ散らかるべきです。

APRIL

「人生で最も不安な4月」とどう向き合っていくか

APR. Vol.1

新歓コンパに一度も参加できなかった

新入生のみなさん、ご入学おめでとうございます。大学1年の4月、いかがお過ごしでしょうか。トミヤマさんは「人生で最も不安な4月」と言っていましたが、未知の場所、未知の状況、未知の人々に囲まれ、何かと不安な日々を送っていることと思います。私もめっちゃ不安でした。入学式に他大学の親友を同伴させるくらい不安でした。

現在は恋バナ収集ユニット「桃山商事」の一員として、老若男女から失恋話や恋のお悩みを聞き集め、それをコラムにしたりラジオでしゃべったりする仕事をしていますが、思い起こせばこの活動も、私が大学1年の4月に抱いた不安に起因するものでした。

私は中高6年間を東京の男子校で過ごし、1年間の浪人生活を経て大学に入学しました。予備校時代は朝から晩まで参考書と向き合うだけの毎日だったので、晴れて志望校に合格したときは期待と希望で胸をパンパンに膨らませたものです。せっかく受験で英語を頑張ったんだし、英検やＴＯＥＩＣの勉強を続けて英語力を伸ばそう。小さい頃からやってるサッカーはもちろん、草野球や卓球のサークルなんかにも入って、マルチな運動能力を磨こう。女子の友だちをたくさん作って、海に祭りに花火に青春を満喫するぞ！　さらに、当時ハマっていた『竜馬がゆく』（司馬遼太郎、文春文庫）という歴史小説に影響され、「幕末研究会（的なサークル）に入って日本を洗濯するぜよ！」なんて大志も抱いておりました。

　このように、とにかく入学前から「あれもこれも頑張るぞ！」と意気込んでいたわけですが、私の心は初《しょ》っ端《ぱな》から折れることになります。きっかけは、入学式の日に勧誘されたアメフト部からの鬼電話でした（しかも実家に）。私は身長１６４㎝、体重60kg前後という、男子ではかなり小柄な部類の体格です。そんな男をなぜ屈強なアメフト部が欲しがるのか……。戦力要員じゃないことは明白です。だったら何なの!?　怖いよ！　頼むから毎日電話してこないで！

　と、この体験は私に大きな恐怖を植えつけました。アメフト部に入部したら球拾いとパシリで４年間が終わってしまう。知らない人はみんな怖い人。部活やサークルは一度入ったら抜けられない場所だ……などと極端に考えてしまい、「気軽にお試しで〜♪」なんて気持ちには全然なれなかった。こうして私は、居留守をして勧誘から逃げ、学校が終われば高校時代の友だちとばかり遊び、一度も新歓コンパに参加することなく1年生の4月を終えました。

APR. Vol.2 「欲張り×情報不足」で授業選びに大失敗

これは友だち作りや授業選びにも大いに影響しました。大学というのは中学や高校に比べて圧倒的に放任主義の場所です。大学は何も決めてくれません。どんな授業を、どんな時間割りで組むのか。情報は自分で仕入れなきゃいけないし、手続きも自分でやらなければなりません。また、私の入った大学には「クラス」という概念が希薄で、週に3コマだけある第二外国語（私はフランス語）の仲間だけがかろうじてクラスメイトと呼べる程度。席替えもホームルームもない集団にあって、友だちを作るためには自分から積極的に話しかけるしか方法はありません。しかし、私にはそれがまったくできなかった。

そうこうするうちに、授業選びや学内イベントに関する口コミ情報を取り逃しました。大事な説明会に参加しそびれた上、授業案内の冊子だけを頼りに「文学に哲学、社会学に歴史学、心理学や脳科学なんかの授業も取ってめっちゃ頭良くなるぞ！」などと欲張り、後に学内情報誌で難易度マックスだと知ることになる授業をたくさん選択する始末。

結果、1年次の単位を半分以上も落としました。今はネットでも情報収集できるし、入学前から「#春から○大生」なんてハッシュタグを頼りにSNSでつながりを作ることも可能で、もしかしたらこういう失敗はあまりないのかもしれませんが、やる気が空回りして自分の首を絞めてしまうケースは他にもいろいろあるんじゃないかと想像します。

振り返ると、私の大学デビューは散々なものでした。そして、本当にもったいないことをしたなと思います。確かにアメフト部の勧誘はちょっとしつこかったけど、今思えば「他にやりたいことがあるのでごめんなさい」と断れば済む話でした。それなのに、過剰にビビって他のサークルへの道まで閉ざしてしまった。新歓コンパはいろんなサークルをのぞけるだけでなく、多種多様なバックボーンを持った人たちと交流するチャンスでもあります。そこには未知との遭遇が転がっているし、初対面の人に自己紹介する経験を積むこともできます（自分を説明する言葉を養っておくと後々まで役立ちます）。いいなと思ったら一歩踏み込み、ピンと来なかったら撤退する。他者との適切な接し方や距離の取り方を学ぶこともできるはずです。

私はそういう機会を自ら放棄し、旧友との慣れ親しんだ人間関係に逃げ込んでしまいました。だからいまだに初対面の人が怖いし、見ず知らずの場所に飛びこむことが苦手です。うまく撤退することができないので、気軽に話しかけることができないし、たとえば「一度試着した服は買わないといけない」といったような謎の強迫観念もあります。

これは様々な人たちに取材することが多いライターという仕事をする上で致命的な欠陥です。この時期、新入生の特権をフル活用し、もっといろんなところに出向いて〝ぶつかり稽古〟をしておくべきだったとマジで後悔しています。

APR. Vol.3

4月の不安を消し去る魔法は残念ながらない

そもそも「不安」というのは、原因や対象がはっきり存在しないがゆえに生まれる恐れの感情です。原因や対象が具体的に存在する「恐怖」と明確に定義が区別されていることからもわかるように、「よくわからない」というのが不安の源泉です。だとすると、4月の不安は避けがたいもの。大事なのは、不安を払拭することではなく、不安とどう向き合っていくかということです。当時の私は、欲張っていろいろ詰め込むことで不安から目を背けようとしていました。それは、栄養剤をバンバン注入して無理やりテンションを上げるとか、ぐちゃぐちゃな地面にバンバン建物を造ろうとする行為に等しく、かなり危ういものでした。

しかし、現実というのはそんなに残酷なものでもありません。マニュアルに頼らず失敗しまくったおかげで、楽しそうな授業とヤバそうな授業を見分ける勘のようなものが養われたし、周りを見渡せば同じようにスタートでつまずいた人が結構いて、不安や痛みを共有しながら親睦を深めていくという関係の築き方を学ぶことができました。これは、人々の失恋体験や恋愛の悩みに耳を傾ける桃山商事の活動の原点になっています。

さらに、幕末研究会（仮称）が怪しい宗教団体の主催するサークルだったことが後にわかり、「マジで入んなくてよかった……」と胸をなで下ろしたりもしました。日本を洗濯する前に、己の脳みそを洗濯されるところだった！

失敗するのは確かに怖いことですが、一度つまずいたらそれで終了なんてことは絶対にあり得ません。気合い満々で空回りするもよし、自分のペースでスロースタートするもよしです。４月が不安なのは当たり前だし、それを一瞬で消し去る魔法は残念ながらありません。とにかく極端な思考に陥ることだけはくれぐれも気をつけた上で、自分なりにジタバタしてみることをオススメします。

MAY

迷いの5月

- ▶ ゴールデンウィーク
- ▶ 5月病
- ▶ 入部サークルの決定
- ▶ 学内カップル大量発生
- ▶ バイトが本格化

MAY
閉じるなキケン！ 自分の居場所を複数化しよう

MAY Vol.1

サボり癖はおそろしい病気である

入学から1か月が経ち、待ちに待ったゴールデンウィークがやってくる5月。サークル合宿に参加したり、クラスの友だちと遊びに出かけたりと、勉強そっちのけで動き回った人も多いことでしょう。

その一方で、5月は「五月病」のシーズンでもあります。大学の雰囲気に馴染めず、高校時代の仲間とつるんだり、ひとり暮らしのアパートに引きこもったりした人もいるはず。自分が新しい環境にどういう反応を示す人間なのかを知って、今後に活《い》かせばよいだけのことですので、今大学が楽しすぎて躁《そう》状態の人も、つまんなすぎて鬱状態の人も、「これが自分なんだ」と決めつけすぎないようにしてほしいですね。人間、揺らぎがあってなんぼですから。

　そして、どんなGWを過ごした人にも平等にやってくるのが、中だるみ。「なんか、授業出たくないな〜」というやつですね。心の底からつまらない授業だから出ないというのは、まあ仕方がないと思うのですが、キケンなのは、特にこれといった理由もなく授業をサボるパターン。この、なんでもないようなサボり癖が、実は一番危ない！　放っておくと重篤化する病気みたいなものだと思ってください。

　自分のサボり癖をナメたばっかりに留年・退学するはめになった学生を、わたしは何人も知っています。彼らは勉強ができなかったわけじゃないし、死にたいくらい大学生活が辛《つら》かったわけでもない。それなりに友だちもいるし、サークル活動も楽しんだりしているんです。でも、なんとな〜く授業に出ないでいたら、いつの間にか授業内容はちんぷんかんぷんになってるし、久しぶりに授業に出たところで周りはすでに仲良しグループを作っているので、嫌でも壁を感じてしまう。もちろん、頑張れば巻き返せる遅れなのですが、面倒くささが勝って「もう大学辞めちゃおうかな」と思ってしまう人が、本当に多いのです。必死で勉強して入った大学だろうがなんだろうが、面倒くささに負けるときは負けるんですよね。わたしの知り合いで、面倒くささに負けて一度は退学したものの、「やっぱ辞めるんじゃなかった！」と、同じ大学に入り直した人がいましたが、あれは本当にやらなくていい二度手間だったと思います。

　とか言ってるわたしも、実は結構危なかったんです。授業よりサークルが楽しくて部室に入り浸っていました。小さなバンドサークルだったのですが、半分プロみたいな活動をしている人もいて、都会的でとにかくオシャレだった。しかもトーク上手な先輩が多くて、教室にいるより、部室にいる方が何倍もおもしろい話が聞けてしまうのです。「こりゃ教室で授業なんか出てる場合じゃねえ!」……そう思ってしまったら、もうおしまい。日が暮れるまで部室で粘り、夜になったら飲み屋に移動して一日が終わることになります。わたしには、竜宮城から帰ってきておじいさんになっちゃった浦島太郎の気持ちがよくわかります。もう日常ヤダ。ずっと非日常でいい。部室は、わたしにとって楽しすぎる非日常、抜け出せない魔窟でした。

それでもどうにか学生の本分を忘れずにいられたのは、その魔窟に同じ学部、同じ授業を履修する女友だちがいたからです。「さすがに今日の授業は出とくか」「そうだね」と言い合える人がいた。「ずっと部室にいたい!」と叫びながら、ゾンビみたいに這《は》って授業に出ていました。あの友だちがいなかったら、どうなっていたことか……かずなちゃん、あの時はマジでありがとう!

MAY Vol.2

高確率で別れる「閉じたカップル」

わたしはサークル活動にハマってしまったタイプですが、恋愛にハマるタイプもいて、これはこれで危険です。恋人のアパートに入り浸り、授業に出てこない人もヤバいのですが、授業に出てきても「ふたりの世界」って感じで、周りが見えていないカップルが特にヤバいと感じます。

大変申し訳ないのですが、新入生カップルは、その後、高確率で別れます……。もちろん、ずっと仲が良くて結婚までいくカップルもいるにはいるのですが、それはかなりのレアケース。たいていは、一気に盛り上がり、一気に冷める！　そして別れた途端「うわー！　1年から恋愛なんてしてる場合じゃなかった！　2年からでも良かった！」みたいなことを言い出します。ふたりの世界に閉じこもっている間に、周りのみんながどんどん人間関係の輪を広げ、学生として成長しているのを見ると、やっぱり焦ってしまうんですよね。

サークルにせよ、恋愛にせよ、自分だけの心地よさを優先するあまり「閉じた環境」にいると、その後の学生生活がちょっとずつ不自由になっていくように思います。そして、いったん閉じた環境を再び開かせるのは、かなりしんどいことです。

MAY Vol.3

自分の居場所を複数化すべし

だとすれば、わたしたちのやるべきことは、ただひとつ。自分の居場所を複数化しておくこと。これに尽きます。ちょいちょい顔を出せるサークル、挨拶できる人がいる教室……そういう場所の中に「居ても辛くないな」と思える場所があったら、ぜひ大事にしてください。同時に、図書館や学食など、ひとりでのんびり過ごせる場所の開拓もしてください。「ぼっち」という言葉がありますが、わたしはぼっちもいいものだと思っています。孤独を飼い慣らす技術を身につけておくことは、大学生活だけでなく、今後の人生をサバイブする上で、かなり重要だからです。

それから、居場所の複数化に関しては、もうひとつオススメがあります。それは、学部・学科関係なくおもしろい授業をチェックしておくこと。ほんのヒマつぶしのつもりでいいのでやってみてください。しばらくすると自分の「教養の幅」がびっくりするほど広がっていることに気づくはずですから。

サークルの部室に入り浸っていたダメ学生のわたしも、授業の情報収集だけは熱心にしていたんですよね。サークルの先輩に「なんかオススメの授業ありませんか？」と訊《き》いたりして。そして、実際に聴講に行ったりもしました（本来出るべき授業をサボって聴講していたので別に偉くはないのですが）。

他学部の授業、全然知らない学問領域の授業でも気にせず聴講しに行きました。大人数講義はそーっと潜っていましたが、少人数のゼミなどでは先生に許可も取らなきゃいけないし、みんなの前で自己紹介もしないといけない。面倒くさいのですが「よそから見学者がやってきたぞ」というので、新しい人間関係が生まれたりもする。

そんなことをやっているうちに、サークルの部室サイコー！　と思っていた自分の視野の狭さが少しずつ改善されていきました。部室で遊ぶのもいいけど、遊ぶように授業を受けるのも楽しいな。そんな気持ちになってきたんですね。今の学生を見ていても、学び上手な人はあちこちの授業をつまみ食いするように見て歩いていますし、聞き取り調査では「他学部の授業、しかも発表とかグループワークをする授業を履修するようにして、知り合いを増やした」という人がいたりもしました。聴講ではなく履修というパターンももちろんアリです。単位も貰《もら》えて知り合いも増える、とても賢いやり方だと思います。

たかが中だるみと侮ることなかれ。「閉じるなキケン！」の精神で、居場所の複数化に取り組み、見聞を広めておくこと。それが、この先の学生生活を快適にしてくれるのです。

MAY

友だち作りにも役立つ！弱音を吐くためのレッスン

MAY Vol.1

学費と青春をドブに捨てる日々

5月といえば、天気はいいし、日照時間は長いし、暑くも寒くもないし、花粉や蚊にも悩まされないという、すべてが奇跡的にちょうどいい季節です。ましてや大学1年の5月なんて、希望と可能性に満ちあふれた、まさに青春の絶頂と呼べる時期……のはずですが、私は当時、大失恋の真《ま》っ只中《ただなか》にいました。高校時代から付き合っていた恋人がイケメン美容師に心変わりをしてしまい、私が20歳を迎えた記念すべき日（5月20日！）に「他に好きな人ができたから誕生日は祝えない。私と別れてください。本当にごめんなさい（原文ママ）」というメールをもらって2年間の恋が終わりました。

学校生活も早速つまずきまくりで、この頃にはすでに半分以上の授業で怠け癖が始まっていました。4月に欲張って授業を取りまくったせいで毎日慌ただしく、準備も復習もできず「ただ出ているだけ」という状態になり、習ったことがちっとも身につかない。そして段々と授業がおっくうになり、ひとつ、またひとつとサボるようになっていく……。こうして、小さなつまずきが連鎖していつの間にか取り戻せないくらいのビハインドになってしまうのが怠け癖の恐ろしいところですが、そこに失恋のショックが加わった私は、実家でふて寝ばかりして学費と青春をドブに捨てる日々を送っていました。

MAY Vol.2
大学生活を救った偶然の「自己開示」

しかし意外なことに、この一件が私の大学生活を救うことになります。それまでイマイチ距離を詰められなかった語学のクラスメイトたちが、親身になって失恋話に耳を傾けてくれたのです。

私は男子校生活が長かったため、「女子のクラスメイト」はかなり縁遠い存在でした。それなのに、こともあろうか女子が８割を占める文学部のフランス語クラスに入ってしまい、緊張と混乱の連続。何を話せばいいかわからないし、自分から変なニオイがしてるんじゃないかという妄想に取り憑《とっ》かれ、女子の隣では授業にまったく集中できない。同じ班のよしみでお昼ご飯に混ぜてもらうものの、会話の糸口すらつかめない日々が続きました。

そんな中、思わずこぼしてしまった失恋の愚痴。すると……女子たちはキャッキャと盛り上がり始め、「私もこないだ彼氏と別れてさ」と痛みを共有してくれたり、「それは清田くんにも非があったかもね〜」と冷静に経緯を分析してくれたり。しまいには「元カノの写真見た〜い♡」なんて展開にもなり……これを機に、みんなとの距離がグッと縮まっていったのです。

トミヤマさんの言う「閉じるなキケン！」とは、居場所だけでなく心の問題にも通じる話です。当時、私の中には「どうせ俺の失恋になんか誰も興味ないだろう」という気持ちがありました。また、「元カノに未練タラタラの男なんて気持ち悪がられるのではないか」という恐怖もありました。しかし、失恋のつらさに耐えかね、つい弱音を吐いてしまった。それによって意図せず「自己開示」をすることができたのです。

MAY Vol.3

弱音を吐けない男の「ジェンダー規範」

私は人々から恋バナを聞き集める活動をしていますが、恋愛にまつわるあれこれを考える上で避けて通れないのが「ジェンダー」の問題です。これは社会的・文化的に形成された男女差を意味しますが、そう聞いてピンと来た人には当たり前すぎる話でしょう。しかし、ジェンダーは「知らない人はまったく知らない」という類《たぐい》の問題でもあります

（特に男子！）。

私たちは社会やメディア、あるいは他者から「男とはこういうものだ」「女とはこういうものだ」というメッセージを知らず知らずのうちに受信しています。望む／望まないにかかわらず、期待や役割、理想像やイメージといったものを背負わされているわけです。たとえば「男の子なんだから泣いちゃダメ」といった言葉や、「女の子が好きな色はピンク」というレッテルなんかがその典型ですね。こういったジェンダー規範を空気のように吸い込みながら暮らしていると、自分自身の中にも「男／女とはかくあるべし」という意識が根深く形成されてしまう。これを「内面化」と言ったりしますが、特に男子校出身者の私は、かなり偏ったジェンダー規範を内面化していたように思います。

男は弱音を吐いてはいけない。元カノに未練タラタラの男なんてみっともない。男の恋バナはキモいだけ。自分の失恋くらい笑い話にできなくて何が男だ——。当時の私はこういった意識にバリバリ囚《とら》われており、また一方で、女子に対しては無知や妄想がベースになってできあがった偏ったイメージを抱いていました（女の人は足が臭くならないとか、女の人はタバコを吸わないとか、本気で思い込んでました）。それゆえ、自分から女友だちに悩みを打ち明けるだなんて到底考えられないことだったわけですが、あまりに悲しかったことと、20歳の誕生日にフラれたという切なさ、慣れないクラスメイト相手に会話のネタがなさすぎた……などの要素が合わさった結果、ついぽろっと失恋の話をしてしまった。この自己開示は偶然の産物に過ぎませんが、これがなければ私の大学生活はまったく別の方向に進んでいたかもしれません。

MAY Vol.4 つらいときは思い切ってつらいと言ってみる

プライドや狭い視野によって自分自身を苦しめてしまうのが「若さ」というものかもしれませんが、ダサくても、みっともなくても、つらいときは思い切ってつらいと言ってみる。そうすると、今まで見えなかった道がいきなり開けたりするものです。

私もたまたま心を開けたことでクラスメイトとの間に接点が生まれ、それが互いのことを知り合うきっかけになりました。そして、女子たちとおしゃべりする中で少しずつ男女の違いや共通点を学び、偏ったジェンダー意識が徐々に矯正されていったように感じます（本当に少しずつではありますが）。私はその後、友だちと恋バナをするのがライフワークとなり、今では「恋愛とジェンダー」をテーマにした文章を書いて生計を立てています。そう考えると、これは大学生活のみならず、私の人生を救う一件でもありました。

新しい環境の友だちというのは、つい気を遣ったり空気を読んだりして慎重に接しようとしてしまいがちです。そうやって恐る恐る関係性を築いていく姿勢はもちろん大切なのですが、もしかしたら、ときには思い切って自分からお腹《なか》を見せちゃうことも仲良くなるための秘訣《ひけつ》かもしれない。相手だって、お腹を見せられたら「自分も本音で接しなきゃ」と思うはずなので。特に我々男は弱さをさらけ出すことが苦手なので、「閉じるなキケン！」からの「開けば海路の日和あり」ということで、ぜひとも自己開示の練習を積んでみてください。

JUNE

通常運転の

6月

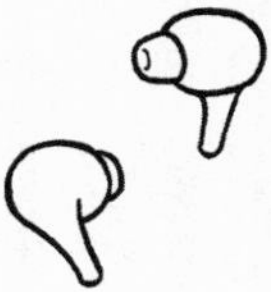

- ▶ オープンキャンパス
- ▶ 教室から少し人が減る
- ▶ 連休ゼロ
- ▶ はじめての研究発表
- ▶ 中間レポート

JUNE 「入学マジック」が消滅し、本当の学生生活がはじまる！

JUN. Vol.1 通常運転がスタートする6月こそ気合いを！

6月は、言ってみればフツーの月です。入学式は終わっちゃったし、期末試験まではまだ時間がある。つまらないと言えばつまらないですが、実は結構大事な時期です。というのも、このあたりから新入生にかけられた「入学マジック」が解けてゆくんですよね。入学式から続いていたお祭りムードが落ち着き、新入生だからとチヤホヤされることもなくなり、大学に通うことがただの日常になると「思ったほど○○じゃなかった」と感じることが増えていきます。

大学は思ってたほど自由じゃないし、授業は思ってたほどおもしろくない。しかし、入学マジックが解けて「なんだ、大学生活ってこんなもんか」と思えたとき、あなたはやっと補助輪が外れた自転車のような状態になるのだと思います。6月からの通常運転こそが、ホントの大学生活なのです。

そして、高校生活が、勉強しろ！　クラブ活動に精を出せ！　運動会・文化祭に参加しろ！　修学旅行に行くぞ！　と「やるべきこと」をじゃんじゃん仕掛けてくるものだったとすれば、「なんだ、こんなもんか」みたいな生活の中から、誰に言われずとも「やるべきこと」を自力で見つけ出さねばならないのが大学生活です。

つまり、自分の努力とセンス次第で、この先の生活をいくらでもおもしろくすることが可能であり、逆に言えば、いくらでも台無しにできてしまう。ですから、入学マジック消滅後の少し醒《さ》めた気分で自分のやるべきことが何なのかを、いま一度真面目《まじめ》に考えてみてほしいのです。

ちなみに、ここで言う「やるべきこと」は、勉強以外のことでもＯＫです。バイト先を変えるとか、新しく習い事をはじめるとか、大学以外の場所でどんな活動をするべきか考えてみるのもいいでしょう。これは5月にやるべき「居場所の複数化」をさらに深めていく方向とも言えますね。ちなみにわたしは、受験のために休んでいた茶道を再開したり、出版社・編集プロダクションのバイトを探したりと、学外活動を頑張りましたが、これはなかなかよい作戦だったと思います。

JUN. Vol.2

戦いは団体戦から個人戦へ

周囲の人間との付き合い方について再検討することも大事です。6月あたりから、大規模な飲み会よりは「ふたりでちょっとご飯でも」という機会が増えていきます。団体戦から個人戦へと、付き合い方が変わっていくこのタイミングに、自分の人間関係を冷静にチェックするのは、とても大事なことです。

現役学生にインタビューをしたところ、やはり6月は人間関係が変化する時期とのことでした。仲良くなりたい人、なれない人の線引きができるようになり、より仲良くなれそうな人との関係を深めることに時間を使うようになる。言い方を変えると、この時期にまだ大規模な飲み会ばかりやってる学生はちょっとヤバい、ということのようです。

それから、先輩から新入生への告白がはじまるのがこの時期だというインタビュー結果も出ました。恋愛面でもやはり、浅く広くの付き合いが終わり、絞り込みがはじまるわけですね。「お互いのことがだいぶわかってきたし、そろそろイイよね?」という感じで盛り上がるのであろう……いいなあリア充は……。

JUN. Vol.3

その友だち、未来の仕事仲間かもよ？

ちなみに、学生時代のわたしは6月になっても告白されませんでしたが（泣）、人間関係の構築はやっていました。当時のわたしには、すごく気になる女子がいたんです。どうしても早稲田に行きたいからと3浪した彼女がとてもかっこよく思えて仕方ありませんでした（1浪くらいで苦労人ぶってた自分はなんてあまちゃんなんだ！　と恥ずかしくなった）。彼女にとても興味を持ったわたしは、授業そっちのけで彼女としゃべりまくりました。まあ、授業は出るべきでしたけど。

彼女とは、その後めでたく友だちになれたのですが、それだけじゃなくて、いまだに付き合いがあるし、仕事上の繫《つな》がりまであるんですよ。卒業して別々の業界に進んだのですが、人生の軌道修正をする中で、気づけばふたりともマスコミ業界で働くようになっていたのです。先日は、彼女が構成作家をつとめるラジオ番組にゲスト出演しました。うれしかったなあ。実は、彼女のほかにも、大学1年の時に仲良くなって、その後、仕事で再会した人が2～3人いるんですよね。こういう偶然って本当にあるんです。ですからみなさんも友だち作りに関しては「この出会いは一生モノかも知れないぞ？」ぐらいの気持ちで、丁寧にやってみてはどうでしょうか。

JUN. Vol.4

キャラ設定をリセットするなら今がチャンス

6月に関してもうひとつ言っておくと、この時期は、4月に設定した自分のキャラを修正・リセットするチャンスです。

入学の時点で「こういうキャラでいこう！」と決めたけど、イマイチしっくりきてないという人、結構いるんじゃないかと思うんですよね。ついついカッコつけてしまったけど「よく考えたらそこまでカッコつける必要なかった！ 失敗した！」と後悔しているそこのあなた！ 悪いこと言わないからしれーっと軌道修正しちゃいなさい！ 大丈夫、今なら誰もあなたを責めないから！ 「大学入学でちょっと浮かれてただけです、すんません」でOKですから！

インタビュー調査でも、ムリして無頼キャラを演じていた人が、6月あたりで軌道修正をした話が出てきました。「ぶっきらぼうなダメ学生かと思いきや、しゃべるとすごく頭の良いヤツ」というキャラを目指したのにうまくいかなくて、「ゴメン！ やっぱちょっとコレなしで！」と元に戻したのだそうな。あとは、大した経験もないのに恋愛マスターを自称している学生がイタかったという話も聞きました。同級生たちに上から目線でなにかアドバイスしたかったのでしょうが、当の本人が知識も経験も持ち合わせてないんじゃ、どうしようもないですよね。大学という新しい環境で理想の自分を追い求めること自体は決して悪いことではないのですが、ムリはいかんよな……。

あと、ロリータファッションを趣味にしている女子学生から聞いた話がおもしろかったので紹介させてください。その学生は、大好きなロリータファッションに合わせるため、髪型を「姫カット」にしていました（姫カットを知らない諸君は各自ググるように）。大学に行くときはごく普通の格好をしているのですが、とにかく姫カットが目立ってしょうがない。というか、その髪型が「この子、めんどくさいキャラなのでは？」という憶測を呼んでしまったらしいのです。そこで彼女は思い切って髪型を変えました。そうしたら、みんなの反応が変わったというんですね。周りの人も姫カットぐらいでビビってんじゃないよ！　とは思いますが、人間関係でなにか引っかかりを感じたら、試しにキャラ変してみるのも悪くないなと思わされます。

すべては入学マジックのせい。そう開き直って、しっくりこないキャラ設定は早めに変更してもいいんじゃないでしょうか。キャラ変更した過去なんて、10年経てばすべて笑い話。いや、1年ぐらいですでに笑い話ですので、早いところ自分に素直になって、大学生として本当に「今やるべきこと」が何なのか、じっくり考えることをオススメします。

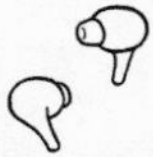

JUNE

わかりやすさを捨て、モヤモヤ耐性を身につけよう

JUN. Vol.1

空っぽな自分に絶望しかけた6月

大学1年の6月。同級生たちがサークルの先輩からガンガン告白されていたことなどつゆ知らず、私はひたすら途方に暮れる日々を送っていました。入学式から続く刺激と緊張が一段落し、通常運転に入った大学生活。まさに「入学マジック」が解け、いよいよ現実を直視せねばならない時期が訪れたのです。

クラスがあり、イベントがあり、授業も部活も用意された選択肢から選ぶだけだった高校時代に比べ、大学生活というのは自由度が格段に上がります。相変わらず高校生みたいな暮らしを続けることも可能だし、社会人を相手にビジネスしたり、何かアクションを起こして政治に働きかけたりすることだって可能です。私が大学生だった頃は、自分の名刺を持って企業からイベントの協賛金を集めてまわっている学生（広告を研究する大きなサークル！）や、サッカーボールを募って途上国の子どもたちにプレゼントするプロジェクト（意識高《たけ》え！）を起こした学生もいました。私はそんな同級生たちを見て、猛烈な焦燥感を覚えていました。

自分は何がしたいのか。この先どうなりたいのか。今すべきことは何か。いろいろ全然わからなくて焦りまくりです。みんなに差をつけられ、取り残され、思い出も達成感もないまま終わってしまいそうなあの感じ……。当時の私は「空っぽな自分」にマジで絶望しかけていました。

そんなときに足繁《あししげ》く通っていたのが書店と図書館です。目的は、新書と参考書のチェックでした。今はジャンルもカテゴリーも執筆者のキャラクターも幅広い本が出ている新書ですが、私が大学生だった当時は、研究者が自分の専門領域のことを一般向けに解説するようなイメージで、タイトルも「経済とは何か」「哲学とは何か」「宇宙とは何か」みたいな大テーマの本が主流でした。それらがズラッと並んだ図書館の棚を前に、私は「これらを全部読めば経済や哲学や宇宙のことがわかるのか！」と大きな期待を寄せました（安易）。また、参考書というのは漢字検定や日本語検定、歴史検定やＴＯＥＩＣといった資格試験のテキストのことで、資格を取れば取るほど頭が良くてすごい人間になれる……。そんな思いにも取り憑かれていました（これまた安易）。

しかし、結果から言うと新書は難しくて全然読めなかったし、資格ゲッターにも一切なれなかった。単にお金と時間を浪費しただけ。大学の授業に出ていた方が百倍マシでした。

JUN. Vol.2

「やるべきこと」を与えて欲しい病

ではなぜ、そんなことをしていたのか。私が求めていたのは、かつての受験勉強が示してくれたような「目標」と「カリキュラム」でした。つまり、高校や予備校の先生みたいに「ここからここまで勉強しろ」「そのためにはここから段階的に学んでいけ」と言ってくれるメンター的存在が欲しかった。その役割を、私は新書や資格試験の参考書に求めていたというわけです。

このマインドは案外笑えないもので、大人になっても消えません。というか、大人になるほど強くなると言ってもいいかもしれない。なぜなら、大学よりも社会の方が圧倒的に道しるべなき世界だからです。

何をすればいいかわからない。だから「これをやれ」と言ってもらいたい。そして「ここからここまでやりなさい」と、クリアすべき課題を用意してもらいたい。こういう心構えは、中高時代の受験勉強に起因するものではないかと感じます。「やるべきこと」が外から与えられ、しかも努力すればするほど成功に近づくことができる（と感じられる）――。これは〝受験型モデル〟とでも言うべき感覚で、たとえば私が恋バナを聞かせてもらうことの多い独身のアラサー女性などからも顕著に感じる傾向です。マジメで努力家の独身女性ほど、自分にノルマを課すように婚活へと出向き、絶え間ない努力で外見やコミュニケーション能力を磨きながら結婚というゴールを目指していく。その姿はまるで受験生のようです。しかし、恋愛や結婚は努力と結果が正比例してくれる世界ではないので、頑張りが空転してしまうことも多々あります。そこで彼女たちは「努力が足りない」「自分に問題がある」と自責的に考えてしまい、どんどん苦しみの回路にハマり込んでいく……。そんなシーンを、本当によく目にします。

　話が大分逸《そ》れてしまいましたが、当時の私も受験型モデルに囚われていたため、放任主義の大学よりも、努力の道筋を提供してくれる新書や参考書に吸い寄せられたのだと思います。

JUN. Vol.3

モヤモヤできるのは大学生の特権だ！

　私はこの受験型モデルを、ちょっと危険なものだと考えています。「くれぐれも気をつけて！」と言いたいくらいです。このモデルの特徴は、とにかく「わかりやすい」ことです。目標やカリキュラムを与えてくれるため、道しるべがハッキリしている。そして、自分が何を目指し、今どのあたりにいるかも確認できるため、実感や手応えが得やすい。だからつい、手を出したくなる。しかし、ここにワナがあります。それは、手段と目的が逆転していることです。

もちろん、何かやりたいことがあって、それに向かって努力するというのは素晴らしいことです。目的を見定め、やるべきことを割り出し、それを日々のノルマに落とし込んでいく。そういう手段として、受験型モデルは非常に有用なツールです。でも、当時の私みたいに、さしたる目的もないままこのモデルにすがるというのは、要するに、ここで得られる「何かやってる感」が欲しいというだけです。

これは非常に依存性の高いもので、ハマると抜け出すことが難しくなります。常に何かをやってないと安心できない。モヤモヤした状態に耐えられない。そんな風になっていきます。そういう人、大人にもたくさんいます。さらに、それによる「不安の手っ取り早い解消」が目的化すると、いろんな恐ろしいものに付け込まれかねない。自己啓発セミナー、怪しい宗教、ネットワークビジネス、高額な情報商材などは、わかりやすい課題や解決策を携えて不安な人々に手を差し伸べてきます。話を聞かせてもらった大学生の中には、ネット有名人やビジネス系インフルエンサーのオンラインサロンなどで高額課金をした結果、生活が苦しくなった経験のある人も少なからずいました。本当に嫌な話ですが、「自分のことがわからない」という人は、それらにとって絶好のカモなのです。
現実を直視するというのは、とにかくモヤモヤする行為です。人間はときに「タマネギ」にたとえられますが、それはタマネギの皮を剝《む》くように一枚ずつベールを剝がしていくと、あると思っていた芯がなく、中身が空洞になっていることがあるからです。誰が考えたのでしょうか。めっちゃ恐ろしいたとえです。

しかし、幸い大学1年というのは堂々とモヤモヤしてていい時期です。これは大学生の特権と言っていいでしょう。学業やバイト、〝成長〟のための自己投資など、今の学生たちはみんな多忙で、暇や余裕といったものをなかなか持てなくなっているのがとても気がかりですが……存分にモヤモヤして、今のうちに〝モヤモヤ耐性〟を鍛えておくことをオススメします。

方法はわりとシンプルで、「考えること」と「本を読むこと」のふたつです。つまり、自分の中の空洞を言葉で埋めていくイメージですね。自分が感じているモヤモヤの正体は何なのか、本の力も借りながら、頑張って言語化していく。とにかくこれを続けるだけです。心の中に降りていくときに使える道具はさしあたって言葉しかありません。受験型モデルに飛びついても、タマネギの皮を厚くするばかりで肝心の空洞は埋まらないのです。

JULY

コミュニケーションの

7月

- ▶ 前期試験
- ▶ レポート提出
- ▶ 補講
- ▶ 追試
- ▶ 夏休みスタート

JULY

教員がモヤモヤする学生からのメールとは?

JUL. Vol.1 問い合わせメールに感じるモヤモヤ

7月です。学期末がやってきました。みなさんは、高校までとは勝手が違う試験やレポートに戦々恐々といったところでしょうか。

この時期になると、教員であるわたしの元には、問い合わせメールが大量に届きます。出席回数が足りているか知りたい、レポートをどう書けばいいかわからない、締め切りに間に合わなかったらどうしよう。そんな問い合わせです。わからないことを訊くのは、わからないままにするより百倍いいのですが、問題はその訊き方。「あなたのメール、ちょっとマズいかもよ?」と思うものが、実は多いんですよね。

まず、いきなり本題に入る学生がいて、「ところで、あなたは誰?」となるパターンがかなりあります。教員はいろいろな授業を担当しており、別の大学でも授業をやっていたりする場合があるので、申し訳ないですけど名乗ってもらわないと誰からのメールか本当にわからないんです。フルネームで名乗らなくても大丈夫だろうと考える学生も結構いるのですが、苗字《みょうじ》だけだと厳しいものが……。「○○大学の佐藤です」とか書かれても、過去の教え子も含めると、佐藤さんはもはや無限にいるので「お前はどこの佐藤じゃ？」状態となります。

これらのメールはいずれも、「教員は学生のことをあまり認識していない」ということがわかっていれば避けられるものです。とくに、受講者数が何百人もいたりするような授業では、ひとりひとりを把握することは不可能に近いです。私も2階席がある大教室で360人くらいの学生を相手に授業をした経験があるのですが、全員の顔と名前が最後まで一致しませんでした（すみません、でも許して）。ですから、ほぼ初対面くらいの気持ちで、「○○大学の△△という授業に出ている佐藤××と申します」といった具合に書いてもらえると、とても助かります。

JUL. Vol.2

大事なのは距離感を摑《つか》むこと

そして「先生は友だちではない」ということも肝に銘じましょう。つい最近も「トミヤマさんこんばんは！」からはじまるフランクすぎるメールが届きました。あと「○○

がわからなくて困っています(>_<)」といった絵文字入りのメールも届きました。うーん、親しみを持ってくれてるのはわかるけど、これはどうなんだ。どんなに親しくても、メールの中ではあえて「トミヤマ先生」と書き、絵文字を避けるカタさが欲しいところです。

これはなにも「オイ、こっちは先生なんだから敬えよ!」という意味ではありません。メールで問い合わせをする、というのは、ちょっとかしこまったシチュエーションなので、社会人で言うところのビジネスメールに近いんですよね。そこで「トミヤマ先生」と呼びかけることができる学生は、社会性があるということになる。それを、「他者との距離感が摑めている」と言い換えてもいいでしょう。自分が所属する組織の中で、自分の立ち位置や相手との関係性を正確に把握できているかどうかが、メールの書き方ひとつにも現れてしまうのです。

というか、本当は、教員だろうが後輩だろうが、丁寧にメールを書くに越したことはないのです。後から崩すことは、いくらでもできるのですから。わたしもプライベートでとても親しくしている編集さんに個人的な連絡をするときはバリバリのタメ口ですが、仕事のメールを送るときは、二重人格かなと思うくらいカタい文章にしています(笑)。

そこまでやるなんて真面目すぎだよ! と思うかも知れませんが、今のうちから丁寧なメールの書き方に慣れておくと、大人になってから絶対ラクです! これは神に誓ってもいい！

JUL.
Vol.3

大学生が発揮しがち、間違った「スルースキル」

　それから間違った「スルースキル」を発揮する学生が年々増えているのは、本当に悩ましいことです。スルースキルのもともとの意味合いは、「あの人と関わり合いになっても時間のムダだからスルーしましょうね」ということだと思うのですが、「質問に答えてくれた教員のメールに返信しない」という形でスルースキルを使ってしまう人が非常に多いのです。自分から質問しておいて、用事が済んだらポイ、って、それ、すごく失礼だよ……。

　たとえばこれがＬＩＮＥだったら「既読」のサインが出るので、教員側も「読んでくれたのね（まぁ、返事しろよって感じだけど）」ぐらいの反応で済むのですが、パソコンのメールの場合は「学生の質問に答えたけど、一切返信がない……疑問は解けたの？解けないの？　どっち？　そもそもメールちゃんと届いてる？」と、どんどん不安が増殖する。教員も人の心を持っていますから、反応がないと心配になるもんなんですよ。

　たったひと言でいいから、返信してくれ。それが正直な気持ちです。ちなみに、以前とある学生に「教員から回答メールを貰ったら、ひと言でいいので返信しましょうね」

とやさしくメールをしたら、そのメールすらもスルーされたことがあって、この野郎！と思いました。俺のやさしさを返せ！

JUL. Vol.4 言葉を扱うことから逃れることはできない

メールに限らず、言葉を使って他者とやりとりをすることは、人間活動の大部分を占めていると思います。言わなくても伝わる、というのは、はっきり言って奇跡に近い。たとえば、国語が苦手で理系に進んだという人も、言葉を扱うこと自体からは逃げられませんよね。ずーっと黙っているわけにはいかないですから。言葉よりも感性だ！と芸術系に進んだ人も、「で、この作品のコンセプトは？」と言葉での説明を求められます。つまり、わたしたちは、人生の大部分を言葉とともに生きていくしかないわけです。それが得意でも、苦手でも。

そして、言葉の使い方には基本の「型」があります。ビジネスの世界ならなおさらです。でも、決まった型があるのはありがたいことだとも思うんですね。全部自分で考えなくちゃいけないのは、大変じゃないですか。基本さえ押さえておけば、大人たちと対等にやりとりできると考えれば、悪くない話だと思います。

そんなわけで、大学生のうちにきちんとしたビジネスメールを書けるようになっておくのは、とてもオススメです。それは言葉のスキルを磨くことに繋がり、ひいては未来のあなたを助けてくれるのですから。実際に卒業生を見ていても、言葉遣いやメールの文面が丁寧な人は、希望の業種に就職できていたり、新人のうちからちゃんとした社会人扱いしてもらっている印象があります。

たかが教員へのメール、されど教員へのメール。未来の自分のために、期末試験の準備と同じくらい気合いを入れて取り組んでください、頼みましたよ！

JULY コミュニケーションは「ビビりながら」がちょうどいい

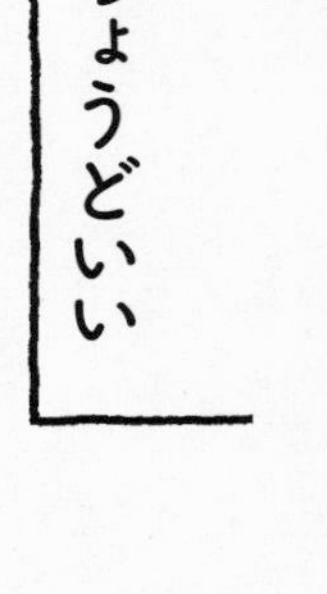

JUL. Vol.1

なぜそうする必要があるのか？

メールの打ち方って難しいですよね。私が大学1年生だった２０００年はまだEメール（死語）が普及しておらず、レポートは手書きで提出するのが普通でした。ときおり課題をメールで提出する授業があり、大学のパソコンルームに出かけ、チューターの先生に使い方を教わりながら恐る恐るメールを送ったものです。件名とか署名とか添付ファイルとか「お世話になっております」とかまったく知らなかったため、レポートの内容をそのままコピペして送信していました。挨拶もなしに突然「日本文学における無常観とは」などと始まるメールに、先生もさぞかしギョッとしたことでしょう。

まあこれは単なる昔話に過ぎませんが、社会人になって15年以上経った今でさえ、正しいメール作法が身についているか自信ありません。文末にやたらと「！」が多くなり、

ちょっと仲良くなると「\(^o^)/」とか使いたくなってしまう私に、偉そうにここでメールコミュニケーションを語る資格があるのかどうか……。

それをいったん棚に上げて言うと、コミュニケーションについて学ぶときは、「こういうシーンではこうしましょう」という風にマニュアルを身につけることはもちろん大事です。しかしそれ以上に重要なのは、「なぜそうする必要があるのか?」という根本の部分について自分なりに考えてみることだと思います。

トミヤマさんが訴えていたのは、つまり「他者との距離感をキチンと測れる人間になろうぜ!」ということですよね。相手との適切な距離感は関係性によってもTPOによってもその都度変わります。それを見極めた上でやりとりを進めていく。これは「コミュニケーション能力」と呼ばれるものの本質であり、その勘やセンスを自分なりに養っておくと、生きていく上で何かと役立つように思います。ゆえに、ただのハウツーに留《とど》まらない、とても実践的なアドバイスだと感じました（俺も学生時代に学びたかった!）。

JUL. Vol.2

距離を「詰めすぎてしまう」問題も

ところで、世の中には「コミュ障」という言葉があります。これは「コミュニケーション障害」の略で、語感からして嫌な感じがする上、差別的なニュアンスも多分に含まれるため、カジュアルに使用すべきではない言葉ですが（かく言う私もかつてはなんの気なしに使ってしまっていましたが……）、この言葉が今なお日常に流通してしまっているのは、それだけ「人と関わることが苦手」という意識を持った人が多いからかもしれません。

これを読んでくれている方にも、コミュニケーション下手を自認している人は多いと思います。何を話せばいいかわからない、目を合わせるのが苦手、ヘンな人間だと思われたらどうしよう……。そんな風にいろいろと気にしてしまって、人との距離を詰められないというのが悩みのポイントだと思いますが、様々なコミュニケーションにまつわる失敗談を聞いていると、ポイントはそれだけじゃないことを痛感します。

というのも、恋バナ収集をする中で、女性たちから「初対面の男子からいきなり『お前』って呼ばれてムカついた！」「合コンで会った男子に肩を抱かれてキモかった！」といった類の話を本当によく聞くんですよね……。いきなり「お前」と呼んでみたり、初めて会った人の肩を抱いてみたり……。端的に言ってこれは距離を「詰めすぎ」です。だから相手を怖がらせたり、キモがらせたりしてしまうわけです。

男性向けの恋愛ハウツーには、こういった行為を「モテテク」として紹介しているものも多々あり（女は基本的にドMだから上からいけというしょーもない理屈を根拠に）、ときに大胆で勇気あるアクションと誤解されることもあったりしますが、適切な距離感を見極められないという点において、これもひとつの失敗例ではないかと考えます。このように、距離を詰めすぎてしまうタイプの事例も多々あり、「先生に馴《な》れ馴れしいメールを送ってしまう」のもその一種かもしれないということはお伝えしておきたいなと思います。

JUL. Vol.3 他者不在のコミュニケーションとは？

ここで一冊、とても勉強になる本を紹介します。コミュニケーション論の名著として名高い『わかりあえないことから――コミュニケーション能力とは何か』（平田オリザ、講談社現代新書）です。そこにはこのようなことが書いてあります。

いわく、かつては「一億総中流」という言葉が示していたように、日本人は均質的な価値観やバックボーンを共有していた。しかし、ライフスタイルが多様化した今、そうした状況は大きく変化している。だとしたら、互いに「わかりあえないこと」を前提に、バラバラな価値観の人間たちがいかにコミュニケーションしていくかを考えるべきである――。

コミュニケーションはとかく「わかりあうこと」に主眼が置かれがちなため、「わかりあえないことから」始めようという本書の提案は非常に斬新です。しかしこれは、非常にシビアな指摘でもあります。なぜなら、「どんなに近しい人であっても、結局は自分と異なる〝他者〟なのだ」と言っているからです。ここまで紹介してきた失敗例には、おそらく「他者不在のままコミュニケーションしようとすること」が深く関わっています。自分を守ることばかり考えてしまうから相手との距離が詰められないのだし、相手の反応をちゃんと見ようとしないから距離を詰めすぎてしまうのだと考えられる。

世の中には「傷つくことを恐れずガンガンいこうぜ！」と語る自己啓発書は多いし、逆に「失敗しないためのマニュアルを身につけよう」と謳《うた》うハウツー本の類も少なくありません。そういうものに飛びつきたくなる気持ちはわかりますが、個人的には反対です。なぜなら、それも結局は「傷つかないこと」「失敗しないこと」が目的になっていて、やはり他者が不在だからです。

コミュニケーションというのは「怖くて当たり前」です。ビビってナンボの世界です。確かに堂々とした人は魅力的だし、憧れる気持ちもわかります。対人関係で怯《ひる》まず振る舞えるようになる方法や、そのための修業メソッドがあれば、飛びつきたくもなるでしょう。

そういうものは、世の中にたくさんあります。根強い人気を誇るナンパマニュアル「恋愛工学」もそのひとつだし、ブラック企業がよくやる「路上で１０００人と名刺交換してこい！」みたいな新人研修もそうでしょう。また、マルチ商法や悪徳ビジネスセミナー、一部の新興宗教などでもそういった売り文句を掲げていることが多い。なぜなら、これらは「交渉を優位に進めること」を目的としたものであり、そのために堂々と振る舞えるようになることが必要だからです。しかし、これらが提供するマニュアルやメソッドは、おしなべて「相手を人間と思わないようになること」を目指しています。たとえばナンパではとにかく「声をかけまくること」が重視されます。そうするうちに、女性から無視されても、断られても、迷惑がられても、傷つかなくなっていくわけです。でも、それはメンタルが強くなるからではなく、相手を人間だと思わなくなるからです。みなさんは本当にそんな風になりたいと思いますか？（個人的には、世の中で「メンタルが強い」と言われている人の大半は、こういう「他者の視線を無視できるタイプ」ではないかと勘ぐっています）

思考停止し、神経を摩耗させることで心の感度を鈍くさせるよりも、最初はビビりながらでもコミュニケーションを開始し、自分なりに距離感を見極め、少しずつ関係を構築していく。逆に、近しい人であっても、相手が自分とは異なる他者であることを尊重し、一線を引くべきポイントを見定めていく——。そうなれた方が百億倍いいよなって思います。説教臭い話で恐縮ですが、ビビることにビビらず、自分なりにコミュニケーションの勘とセンスを養ってみてください。

AUGUST

自由の8月

- ▶ サークル合宿
- ▶ 免許合宿
- ▶ 旅行・帰省
- ▶ アルバイト
- ▶ 怠惰な生活・昼夜逆転

AUGUST
自由すぎる&長すぎる夏休みを謳《おう》歌《か》する4つのポイント

AUG. Vol.1

無謀な読書で思考の筋トレをしよう

大学1年の夏休みは、人生のうちでもかなり自由度の高い夏休みです。受験勉強からは解放され、就活や卒論に時間を取られることもまだない。この自由を存分に謳歌してくれ！　ハイ解散！　と書いて終わりにしたいくらいですが、今から挙げるポイントを押さえておくと、もっといい夏休みになることでしょう。ちなみにこのポイント、どれも大人たちが「若いときにやっときゃよかった」と激しく後悔しているものばかりですので、先輩たちの無念を晴らすつもりで取り組んでもらえたらと思います。

まず、ジャンルは問いませんので、むちゃくちゃ難しい本を読んでください。無謀な読書であればあるほどいいです。全然意味がわからなくても、数行で寝ちゃってもいいので、とにかく通読してみてください。「内容が理解できなくてもいいから読めなんて、そんなの時間のムダでしょ」と思うかも知れませんが、まったく逆です。というのも、人は大人になるにつれ「仕事に必要なことが書かれている本を急いで読む」ことに時間を取られるようになっていきます。それって「情報収集」であって「読書」ではないんですよね……。

悲しいかな、多くの大人は、忙しすぎて情報を受け取るだけで精一杯なんですよ。かなり努力して時間を作らないと、無謀な読書なんてできないのです。あとは、ダルさに負けてしまうんですよね……。仕事で必要な本を読んだら、あとの時間は寝たりゲームしたりしたい。わたしの周りの超真面目なサラリーマンたちもそう言ってるから間違いないです。難解な哲学書や、一生かかっても読み終わらなさそうな本（『失われた時を求めて』とか『聖書』とか『資本論』とか）を手もとにおいて、あーでもないこーでもないと考えながら読むことは、ヒマな若者の特権であり、最高の「思考の筋トレ」です。興味のある本、おもしろい本を読むのも悪くないのですが、よくわからない本に立ち向かう方が、思考力が鍛えられて良い。

そして、これも地味に大切な情報なのでお伝えしておきますが、みなさんはいつの日か老眼になります。老眼になると、当たり前ですが活字を読むのがしんどい。このことは、わたしも上の世代からさんざん言われており「そんなのずっと先の話だろ～」と思っていたのですが、最近「みんなが言っていたのはこれか……！」と戦慄しています。

いいコンディションで本を読める時間は、案外短いのです。若い身体《からだ》じゃないとできない読書があるのだということは、声を大にして言っておきたいですね。
それから、歳《とし》を取ると過酷な旅行ができなくなってきますので、インドとかに行きたい人は早めに行ってください（コロナ禍の影響で、海外旅行をオススメしにくい空気がありますし、決して無理強いはできないのですが、いつかチャンスが到来したら是非お試しください、という気持ちでおります）。若いときにインドに行くとか自分探しっぽくてダサいと思ってるかも知れないですけど、気力・体力があるうちに行っといた方がいいですよ！　わたしも学生時代は、アンコールワットを見に行ったカンボジアで「ホテルの近くで銃声がしてますから気をつけてください」と言われたり（どう気をつけろと？）、ドイツのベルリンにある「セックスミュージアム」にフザけ半分で入ったら痴漢に追いかけられたりしましたが、あれはあれでいい経験でした。いま同じ旅行をするかと訊かれたら「いや、頼むからリゾートに行かせてくれ」と言ってしまう程度には心がヤワになっていますので、やはりあの頃無茶をしておいてよかったと思います。

AUG. Vol.2

非マニュアル系バイトにチャレンジしよう

「読書とか旅行してるヒマなんかない！　バイトしなきゃ！」という方にも、是非オススメしたいことがあります。それは非マニュアル系のバイトをすること。とにかく自分で考え、判断しなければいけないことが多いので、仕事力・人間力がいやでも鍛えられます。

どうせ非マニュアル系バイトをやるのであれば、将来就きたい仕事に関係がありそうなものを選ぶといいでしょう。本格的な就活の前に業界を覗き見することは、間違いなく勉強になりますし、働いてみて「なんか肌が合わないな」と思ったら進路変更してもいいわけですし、「この業界ブラックかも」と思ったら、逃げ方の練習だと割り切って逃げてしまうのでもいいと思います。逆に、もし肌が合えば、いつの日か「1年のときから業界に興味をもってバイトをはじめた自分」として就活戦線に出て行けますし、もしかしたら就活を経ずにバイトから正社員になる道もあるかも知れません。

ちなみにわたしは高校時代から雑誌を読むのが大好きだったので「編集っぽいことやりたい！」と言い続けていたら（具体的に何をやるのかは知らないけど憧れていた）、サークルの先輩が編集プロダクションのバイトを紹介してくれて、そのバイトを結構長い間やった後、フリーライターとなり、今に至ります。フリーとしてやっていく上で、編プロという非マニュアル系のバイトで臨機応変に動く方法を教わったことは、かなり有利に働いてるなと感じます。クライアントにはクセの強い人がいたり、理不尽な目に遭ったりもしますが、色々な経験を若いうちからしていたことが、ちょっとやそっとのことではビビらない自分を作ってくれたように思うのです。

AUG. Vol.3

「社会人気取り」に気をつけろ！

ただし！　非マニュアル系バイトに慣れてくると、柔軟な対応ができる自分に酔ってしまって「もう社会人みたいなもんだ」と気が大きくなり、周囲の学生を見下すヤツになってしまうこともあるのでご注意を。

わたしの元教え子にも、社会人っぽい振る舞いが原因で、みんなから一目置かれていた、というより、ちょっぴり引かれていた人がいました。すでに大人たちと働いているとかで、パリッとしたスーツで授業に現れ、つねにノートパソコンを開いてカタカタやってるので、どうしたって目立つんですよね。他の学生がビビってしまうような雰囲気が確かにありました。

その授業では学生によるプレゼンが毎週あったので、どんなプレゼンをするのか、わたしも気になっていたのですが、いざフタを開けてみたら「学内でパンチラが見られるところを紹介する小冊子を作りたい」とか言い出して、教室が変な空気に。本人はパンチラを見られずに済むよう、女子に注意喚起するつもりだと言っていましたが、パンチラスポットを調査するということは、まず彼が見る側＝加害者になるわけですし、そもそも見る方が悪いのに、冊子を作ってまで「被害者に気をつけさせる」という押し付けも相当にヤバいと感じました（厳重注意の上、企画はボツにしました）。これまで築き上げてきた社会人イメージは脆《もろ》くも崩れ、ちょっぴり引かれていたのがドン引き状態になってしまいましたが、こればっかりは仕方ありません。

大学で教えていると「ひと足先に社会を知ったオレがお前らにアレコレ教えてやるぜ！」的な学生が一定数現れるのですが、いいメンターになれる学生はごくわずかです。その多くは空気の読めない人であり、そのため周囲に気をつかわせてしまう人であり、会社からは「あくまで学生」と思われていることに気づけぬイタい人でもあります……。仕事にやりがいを感じるのは結構ですが、調子に乗るとロクなことになりませんから気をつけましょう。

というわけで、①無謀な読書をする②過酷な旅行をする③非マニュアル系バイトをする、といったポイントを押さえつつ、でもまあ、クーラーの効いた部屋でアイスを食べたり、朝方寝て昼過ぎに起きたり、恋愛にハマって我を忘れたりもしてください。勉強という足枷《あしかせ》がないと、自分がどこまでダメになってしまうのか知っておく、というのも大切なこと。なんたって、大学１年の夏休みは、この先二度と訪れないかもしれない「自由すぎる夏休み」なのですから。

AUGUST

本当は恐ろしい“実用至上主義”の落とし穴

AUG. Vol.1

8月は1年生の「真ん中」ではない

いよいよ8月です。毎年、お盆を過ぎると時間が一気に加速するような感覚を抱きます。これはなぜなのかと考えたところ、ある仮説に行き着きました。それは「カレンダーの錯覚」という現象です。

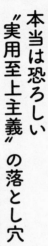

一年が始まったとき、私たちは「1月始まりのカレンダー」で時間を認識しています。ところが3月が終わって年度が変わると、学校生活の影響で無意識のうちに時間感覚が「4月始まりのカレンダー」へと切り替わります。夏休みというと何となく「真ん中」のような感覚がありますが、それは「4月始まり」での話。忘れがちですが、実はすでに一年の3分の2が終わろうとしているわけです。

おそらく、お盆を境にカレンダー感覚が「4月始まり」から「1月始まり」に戻るのではないか……。それで、真ん中だと思っていた8月が〝後半のなかば〟であったことを突如認識し、はしごを外されたような気分になる。そして、ここから一気に年末へと時間が爆進していく——。これが「カレンダーの錯覚」という仮説です。すみません、だから何だって話ですね。

AUG. Vol.2

現代社会に広がる〝実用至上主義〟の風潮

大学1年の8月は確かに「人生のうちでもかなり自由度の高い夏休み」だと思います。さしたる義務もプレッシャーもなく、目の前にはあり余る自由が広がっている。だから時間のかかる読書に挑戦し、マニュアルの整備されていないバイトに勤《いそ》しみ、目的のない旅に出よう——と、トミヤマさんはそうアドバイスしてくれたわけです。これを読んで、「ホントその通りだよ！」と、自分も首がもげるほど頷《うなず》きたい気分になりました。なぜなら、これはものすごく現代的な助言だと感じたからです。

私は以前、出版関係の制作会社に勤務し、様々な大学のパンフレットを作る仕事に携わっていました。数多くの学生や教職員にインタビューする中で感じたのは、〝実用至上主義〟とでも呼びたくなるような傾向の存在でした。

それは何か。たとえば授業のカリキュラムには、「ＴＯＥＩＣで何点取れる」「〇〇という資格が取得できる」といった具合に予《あらかじ》め目的が設定されていました。また、短期留学やインターンシップのプログラムにも、「こんな体験ができます」「就職に有利な○○能力が身につきます」とメリットが具体的に明記されていた。そうしないと、学生が集まらないのだそうです。

AUG. Vol.3

転んだり揺れたりすると、一気に崩れる

勉強も、インターンシップも、アルバイトも、旅行も、「○○のために」する。あらゆるアクションには目的やメリットが設定されており、それがないもの、あるいはコストに見合ったリターンを得られないものは、すべて「無駄」「意味がない」となってしまう……。これが先に実用至上主義と呼んだ考え方であり、大学に限らず、この風潮は近年ますます強まっているように感じます。事実、話を聞かせてくれた大学生の多くも、「TOEICや資格のための授業は最初から必修科目になっている」と語っていました（もはやデフォルトなんですね）。

確かに効果はわかりやすいし、目に見える資格は、安くない授業料の対価として必要なのかもしれません。しかし、一方でこれは非常に息苦しい考え方だとも思います。なぜなら、そこには余裕、遊び、猶予、余地といったものが全然ないからです。「ムダの

ない効率的な学習」と言えば聞こえはいいですが、たとえば「関節がガチガチに固い人」や「内部構造に遊びのない建造物」を想像してみてください。……どうでしょう。衝撃を吸収する余地がないため、転んだり揺れたりしたときにものすごく弱そうですよね。実用至上主義もそれと似ていると思うのです。

自由を与えられても、何をすればいいのかわからない。イレギュラーな事態が起こると、心身がフリーズしてしまう。失敗すると一気に崩れてしまうし、教えられてないことはできないし、誰かに指示されないと動き出すことができない……。これは実用至上主義の悪《あ》しき副作用だと思うわけですが、こういった事態を回避するためにも、ぜひ身につけたいのが「探索能力」です。

AUG. Vol.4 探索能力＝「自分なりに何とかする力」

探索能力――。それは自分で意味を見出《みいだ》したり、筋道を立てたり、推理したり、試行錯誤したり、状況に適応したりする力のことです。料理にたとえるなら、「レシピ通りに材料を用意して調理する力」ではなく、「冷蔵庫の中にある具材で何かを作れる力」というイメージになるでしょうか。

時間のかかる読書や個人経営店でのバイトは、まさに探索能力を鍛えるにはうってつけです。よくわからない本を我慢して読み進めてみる。すると徐々に理解が進んできて、自分なりの意味や解釈が生まれたりする。あるいは、個人経営のお店で非マニュアル系のバイトをしてみる。最初は何をすべきかわからなくても、仕事の流れや周りの人たちを観察する中で、やるべきことや改善すべき点が段々と見えてきたりする。そういうことが確実に起こるからです。

私には履歴書に書けるような資格はないし、自動車免許すら持っていない人間ですが、唯一、自分の探索能力にはちょっとした自信があります。たとえば友だちから「オススメの本や映画を教えて欲しい」という依頼があれば、趣味や性格、予算や要望などを聞いた上でその人に合った作品を提案する自信があるし、仕事でも「まだいろいろ未定だけどおもしろい企画にしたい」というざっくりしたオファーをもらうことが多いのですが、コンセプト、素材、読者層、編集者さんの要望など、諸条件を勘案した上で一緒に最適解を探っていく自信があります。フリーランスの文筆業者として食っていけているのは、ひとえにこの探索能力のおかげかもしれません。

言ってしまえば、探索能力とは「自分なりに何とかする力」のことです。確かに具体的で即効性のある能力ではないかもしれませんが、これをしっかり磨いておけば、就職にも、仕事にも、恋愛にも、人間関係にも、めちゃくちゃ役に立つと思います。

さらに、何よりこれがあると、人生が楽しくなります。「未来のために現在を犠牲にする」のが実用至上主義のスタンスだとしたら、探索能力とは、「今この瞬間と向き合う」ためのものだからです。よく考えたら、人生とは「今」の連続でしかありません。それと向き合い続けるのは労力の要ることですが、面倒を回避し続けた先には退屈しか待っていません。

時の流れが速く感じられて焦るのは、おそらく「何もしないまま一年が過ぎちゃうよ！」という恐怖心が原因でしょう。それを防ぐには、やはり今という時間と向き合い続け、自分なりにその都度意味を見出していくしかないと思うわけです。そのためにも、ぜひ探索能力を磨いてみてください。「自由すぎる夏休み」の今こそ、その最大のチャンスだと思うので！

SEPTEMBER

恋愛の

9月

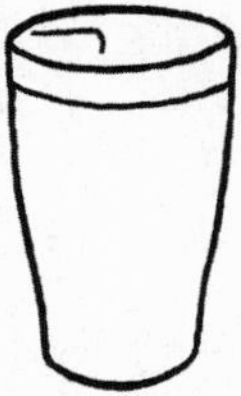

- ▶ 後期授業開始
- ▶ 9月入学生の登場
- ▶ 相次ぐカップルの破局と誕生

SEPTEMBER

「役に立つ人間」からはじめる恋愛も悪くない

SEP. Vol.1

モテなくても恋人はできる？

大学1年の9月にわたしがどうしていたかというと、主に浮かれてました。なぜって、生まれて初めて恋人ができたから！

それは奇跡に近いことでした。というのも、わたしは、大学に入る前からずっと色気とは無縁の人間だったからです。中高時代は、コギャルブームの全盛期だったのですが、茶髪やルーズソックスに手を出すこともなく、淡々と通学。放課後に通っていた予備校には周辺の私立校からやってきたカッコいい男子たちがいたのですが、話したことすらありません。そして、教室で男女混合のグループがワチャワチャやってるのを見ては「みんな第一志望に落ちてしまえ〜」と呪っていました。いわゆる「リア充爆発しろ！」ってやつですね。そんなわたしに恋人ができたのですから、そりゃ浮かれますよ。

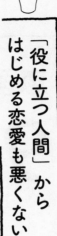

でも、わたしは「モテる努力」をしたんじゃないんです。イメチェンもしてなければ、女子力アピールもしていません（４月からずっとノーメイク+ズタボロジーンズで変化なし）。かといって、女なら誰でもいいと思ってるクズに引っかかったわけでもない。では、なぜ恋人ができたのか？　それは、好きな人の「役に立つ人間」でいようとしたからです。今からその詳細について書きますが、わたしのように男性を恋愛対象とする女性（シスジェンダーのヘテロセクシャル）ではない方は、それぞれの性的指向や性自認に応じて適宜読み替えてくだされば と思います。

SEP. Vol.2

恋愛には「性欲ベースの恋愛」と「友情ベースの恋愛」がある

モテの要素がなさすぎてそのままの自分では好きな人に振りむいてもらえない、つまり「性欲ベースの恋愛」では勝ち目がないと考えたわたしは、ひとまず「友情ベースの恋愛」で勝負しようと考えました。たとえ女として見てもらえなくても、人としてそれなりにいいヤツであり、話していておもしろいとか、一緒にいると気が楽だとか、そういう「お役立ち感」によって好きな人と親しくなることからはじめようと思ったんですね。

役に立とうと思うあまり、好きな人の恋愛を手助けしたこともあります。告白のタイミングをアドバイスしたり、意中の人と晴れて恋人同士になったら邪魔しないようにしたり、フラれそうになったら悩み相談に乗ったり（これはちょっとやりすぎなのでオススメしませんが）――とにかく好きな人の役に立って感謝されたかった。どんな形でもいいから好きな人の「特別」になりたかったんです。

ただし、お役立ち感をアピールしすぎて、パシりのようにこき使われたり、相手の言いなりになるばっかりではダメなので、そこは細心の注意を払いました。たとえ相手にとって耳が痛いことであっても、言うべきはハッキリ言うのが、なにより大切。いい友だちからはじめて、恋愛関係に持っていこうという算段なのですから、ときには苦言を呈する必要も出てきます。ここで「嫌われたくない」と思って中途半端な優しさを発揮するとおかしなことになりますから、誠意を持ってぶつかっていくようにしていました。

役に立つ人間↓結構大事↓手放したくない、みたいな感じで友情を愛情に変化させていくこの作戦、少女マンガみたいな胸キュン展開はあまり期待できませんが、結構オススメです。それに、もしフラれちゃったとしても、友情とか誰かの役に立つためのスキルは自分の中にずっと残るんだからいいじゃないですか（って、負け惜しみに聞こえるかもしれないけど、本当にそう思います！）。

大学生の恋愛なんて、いつか必ず終わるし、意味がない、と言う人がいて、確かに否定できない部分もあるのですが、友情ベースで恋愛し、「役に立つ人間」を目指す修業から学べることはたくさんあります。

　誰かの役に立つことは、ただ相手に感謝されるばかりではなく、利用されたり、依存されたり、といった危険をともなっています。こうした危険を回避しつつ、他者と深く関わり合うことは、恋愛だけでなく、人生にとってとても大切なことです。人生って、好きだけじゃどうにもならないんですよ。むしろ好きについて回る厄介ごとを払いのけることができないと、好きがどんどんくたびれていくんです。実際、わたしもどれだけ好きをくたびれさせ、泣く泣く手放してきたことか……。だから、自分の善意や好意といったパワーをどう使うかについては、早めに修業をはじめた方がいい。そう思います。

　ということで、大学生の恋愛については、ふたりきりの世界に引きこもる「閉じた恋愛」だけを避けておけばＯＫということではなく、自分の恋愛が、性欲ベースに偏りすぎていないかチェックすることも大事なのではないでしょうか。

SEP. Vol.3

最後は「人間関係のプロ」が勝つ

　モテたい、チヤホヤされたい、そしていつか心から愛する人に出会いたい。そういった夢を抱いている恋愛至上主義の人からすると、今回の話はずいぶんとつまらないことでしょう。「役に立つ人間」って何だよ、自分ばっか奉仕するみたいで、なんか損した気分。そう考えたくなるのもよくわかります。

でも、モテまくり、チヤホヤされまくる時間は、いつか必ず終わりを迎えます。芸能人になれるくらいの顔面偏差値があったとしても、モテ指数は毎年少しずつ下がっていくものです。

そして、モテが遠ざかったときに、性別関係なく「人として」他者と接することを知らない人は、人生の迷子になりやすいのです。実際、加齢にともなってこれまでのモテテクが通用しなくなり、オロオロする人たちをたくさん見てきました。わたしの女友だち（すごい美人）も、20代の頃は黙っていても男の人がチヤホヤしてくれていたのに、30代になったら急にモテがなくなったと嘆いていました。「とりあえず男友だち増やしなよ」と言ったら「異性の友だちって、どうやって作るんだっけ……」と、死んだ目で回答。結局、わたしが友情ベースで思考できる善良な男子を紹介して、飲みに行くように仕向けました。モテることしか知らない人間の苦労を目の当たりにした出来事でした。

このように、性欲ベースの恋愛ばかりしている人は、モテなくなったときに身動きが取れなくなる可能性大です。一方、恋愛を友情ベースで考えることができる人は、仮にモテなくなっても、役に立つ人間としてみんなから必要とされたり、色恋ではない人間関係を構築したりできる。20代からその訓練をはじめていれば、30代にはもう「人間関係のプロ」です。

ただ、間違えてほしくないのは、みなさん全員に「恋愛しろ」と言いたいわけじゃないということ。なんとなく、人は恋愛して結婚して子孫を残すのが正しい道、みたいに思われていますが、そうじゃない人生だって尊重されるべきです。実際、最近の学生にとって、恋愛・結婚は絶対にしなくちゃいけないものではないようです（つけたかったらつけるオプションという感じ）。それよりも趣味のオタ活とか、知人友人との恋愛感情を介しない付き合いを大事にする人がたくさんいます。

でも、もしあなたがちょっとでも恋愛に興味を持ったなら、自分の顔面偏差値や、モテ・非モテに関係なくチャレンジしていいし、「意味がない」とか「いつか別れる」という言葉に惑わされることなく、恋愛から生きるための活力や智慧《ちえ》を摑み取ってほしい。中高校時代は「恋愛＝勉強の邪魔」だったかも知れませんが、大学以降はそうでもありません。むしろ恋愛から学んだことは、その後の人生に活かせることばかり――もしもあなたが、恋愛というものと真剣に向き合う気持ちがあれば、ですが。

SEPTEMBER

オトコはなぜ女子を「人間扱い」できないのか

SEP. Vol.1

恋愛相談から見えたジェンダーの問題

9月といえば、世間は秋冬モードへシフトする一方、大学生はまだ夏休みの最中。毎年この時期になると、焦りとのんびりが入り混じった、何とも落ち着かない気分で過ごしていたことを覚えています。

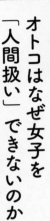

さて、そんな大学1年生の9月。トミヤマさんは自身の恋愛体験を元に、「人間として」他者と接することの重要性を教えてくれました。

これは、特に男子学生にとって非常に耳の痛い言葉ではないでしょうか。ていうか、ぜひとも耳を痛めて欲しい言葉です。なぜなら、大学生男子の恋愛は、しばしば相手を人間として見ない傾向にあるからです（今回は私自身の体験談も含め、かなり異性愛・シスジェンダーの男性に偏った話になりますが、いわゆる〝マジョリティ（社会的多数派〉〟の恋愛観やジェンダー観を問い直すという点で重要な問題だと考えているので、悪しからずご了承いただけると幸いです）。
桃山商事がやっている「失恋ホスト」という活動は、私が大学生のときに始まりました。これは「人々の恋愛相談にひたすら耳を傾ける」という活動なのですが、当時、クラスメイトの女友だちなどから次に挙げるような相談を山のように聞いていました。

・付き合った途端、彼氏が怠慢になった
・彼氏が部屋に入り浸り、半同棲《どうせい》状態になっている
・彼氏が全然話を聞いてくれない
・彼氏の嫉妬や束縛が激しく、息苦しい
・別れたいのに、彼氏が全然応じてくれない

……いかがでしょう。身に覚えはありませんか？　ありますね。きっとあるはずです。「男子たちしっかりして！」と思う反面、これにはおそらく構造的な背景が存在します。

Takayuki Kiyota

SEP. Vol.2

彼女は俺のもので、いつでも俺を受け入れてくれる

高校までの生活に比べ、大学生になると自由度が格段に高くなる。親からの干渉も減るし、外泊もしやすい。一方、大学は基本的に放置プレイなので、何をするにもすべて自分次第。そういう環境にあって、学生はしばしば目的を見失い、孤独をこじらせる。そんなところでいざ恋愛が始まると、相手に対する依存度がどうしても高くなってしまう——。もちろんすべてがこうというわけではありませんが、人間関係のあり方が環境の変化によって影響されるというのはしばしば起こることではないかと思います。

とくに男子学生は、「男同士で悩みや弱さを開示できない」とか「自分の気持ちを言語化する習慣があまりない」といった傾向があるため、感情的なケアを女子に求めがちです。これで恋人がひとり暮らしでもしていたら、さあ大変。彼女の部屋に入り浸り、トミヤマさんが言うところの「閉じた恋愛」になっていきます。その果てに……先に列挙したような事案が多発するわけです。

ここからは個人的な経験も踏まえ、かなり偏った話になってしまいますが……怠慢になるのも、話を聞かなくなるのも、束縛するのも、すべて「彼女は俺のもので、彼女はいつでも俺を受け入れてくれる」という意識が原因です。これは彼女を人間として見て

いないから起こること。端的に言って、彼女を「女として」しか見ていない。もっと嫌な言い方をすれば、恋人を「セックス付きのママ」と捉えている節すらある。
これは「ミソジニー（女性嫌悪）」という言葉で説明されていることでもありますが、我々の中には「女子に幻想を抱く」と「女子を下に見ている」というふたつの感覚が否定しがたく同居しています。さらには所有意識もあり、その所有権は永続すると思い込んでいる節がある。それは母親に対する感覚と同じです。俺は自由に生きたいけど、彼女にはいつも家で待ってて欲しい。いつも俺を見てて欲しいけど、いつも見られてると鬱陶しい。彼女は俺の世話をするのが大好きで、俺を脅かすようなことは絶対にしない。俺の浮気は大目に見てくれるけど、彼女は絶対に浮気しない……。そう思い込んでいる部分が、我々男には少なからずある。とても残念なことですが、これは認めざるを得ない傾向ではないかと思います。

SEP. Vol.3
「色恋だけではない男女関係」を築くためには

当然ですが、恋人は「セックス付きのママ」じゃありません。それは極めて性差別的な発想だし、そんな態度で接していると、いつか必ず愛想を尽かされます。そして、我々男はそうなって初めて事の重大さに気づき、彼女に泣きつきます。でも、時すでに遅し……。一度決意を固めた彼女たちの心は、もう戻ってきません。

偉そうなことを言っていますが、私もかつて「女性を人間として扱う」ということがまったく理解できていませんでした。大学時代、ある飲み会の帰りに男友だちから「お前はホント気に入った女子にしか興味を示さないな。マジ冷酷なやつだよ」と指摘されたことがあります。「お前は女子と同じ班で共同作業をしたことがないし、体育や図工が得意な女子がいるってことも知らないから、見た目が好みな女子にしか興味を持てないんだよ」と痛烈に批判され、ズドーンとショックを受けました。完全に図星でした。男子校育ちのせい……にしてはいけない気もしますが、とにかく女子を外見でしか判断できず、「女子にもいろんな人がいる」「ひとりの女子の中にもいろんな側面がある」という当たり前のことがまったくわかっていなかったのです（叱ってくれた後藤くんにはマジ感謝です）。

そんな男にならないためにも、みなさんにはぜひ女性のことを人間として見られるメンズになって欲しい！　方法はさほど難しくありません。自分自身を知り、相手の話をよく聞く。まずはこれだけちゃんとやれば大丈夫です。

恋愛をすると、自分という人間が否応《いやおう》なしに立ち現れます。自分の好み、自分の欲望、自分の癖、自分の立ち位置、自分の価値、自分の本性……。そこでは「見たくない自分」ともたくさん出会いますが、目を背けず、真正面から向き合ってみてください。トミヤマさんが「相手の役に立つ」という恋愛観の獲得に至ったのも、「モテの要素がなさすぎてそのままの自分では好きな人に振りむいてもらえない」という冷静な自己分析の結果でした。

そして、とにかく相手の話をよく聞いてください。特に男子は、「口説くために女子の話を聞く」とかじゃなくて、現代文の読解問題のように、相手の言おうとしていることは何か、想像力を駆使しながら聞いてください。そうすれば、彼女たちが一人ひとりバラバラな個性を持った人間であることがわかります。

そうなればしめたものです。恋人と多面的な付き合いができるようになるし、女性の友人や仕事相手との関係でも、「かわいい」「ヤリたい」という貧しい欲望や判断基準に引っ張られることなく、「この人とは趣味について語り合う仲間になれそうだ」とか、「この人とは一緒に活動するパートナーになれそうだ」とか、いろんな可能性を模索できるようになるはず。

ちょっと深刻な話になりますが、ここ数年、大学生による性暴力事件が度々世間を騒がせています。その多くは、飲み会で女性に大量の酒を飲ませ、意識が朦朧《もうろう》となったところで男たちが性暴力を働く、というものです。これは「若気の至り」などでは片づけられない、意図的かつ組織的な最低の犯罪です。「女性を人間として見られない」という病《やま》いは、こういったケースの一因にもなっていると考えます。トミヤマさんの言う

「色恋ではない人間関係」を築けるようになることは、恋愛や友人関係を豊かにしてくれるだけでなく、性差別や性犯罪の加害者にならないためにも決定的に大事なこと。今回は何だか男子のみなさんを責めるような内容に終始してしまって恐縮ですが……くれぐれも肝に銘じておいていただけるとうれしいです。

OCTOBER

嫉妬の

10月

- ハロウィン
- 体育祭
- 学園祭準備で浮き足立つ学内

OCTOBER

「お利口バカ」にならないために

OCT. Vol.1

嫉妬からくるネガティブモードに注意

10月になり、後期の授業がはじまったわけですが、その前に「アレ」がありましたよね？　そう、成績発表です！　好成績にガッツポーズする者あり、思わぬ不可を食らって顔面蒼白《そうはく》の者あり……みなさんの悲喜こもごもが目に浮かぶようです。

それにしても、不思議だと思いませんか？　大学というのは、一応「同じくらいの偏差値集団」によって構成されているはずじゃないですか？　それなのに、実際はかなり成績に開きがある。もちろん、同級生の中には、上位校に落ちちゃったすべり止め組も、記念受験のつもりが合格しちゃった棚ぼた組もいるんですが、だとしても「こんなに差が開くもんなの？」と思わざるを得ない。かつてのわたしも「入学してたった半期でこの差かよ！」と驚いたものです。

それでも、いつもの自分だったら「悔しい！　巻き返してやる！」と思えたんでしょうが、長きにわたる受験戦争を戦い抜き、完全に燃え尽き症候群だったので「やる気なんてもう起こんねえし（泣）」というのが本音。しかも大学の勉強は、あくまで「研究」であり、知的な探求であるからして、問題集を解けば解くほど賢くなる、というものでもない。つまり、すぐに挽回《ばんかい》できるようなものじゃないってことです。

そうなるともう、やる気のない自分を棚に上げて、デキる学生にひたすら嫉妬するだけの学生生活になりかねない。教員の目から見ていると、自信喪失からくるこのネガティブモードが、ものすごく厄介なんです。

たとえば、少人数講義やグループワークの場で、決してコミュ障というわけではないのに、授業に出てこなくなる学生がいます。ちょっと意外に思うかもしれませんが、彼らの多くは、高校まで「優等生」で通ってきた人です。それまでの狭いコミュニティではつねにナンバーワン。つまり、優秀じゃない自分を知りません。そんな彼らが大学に入って、ほかの学生がサラっとおもしろい発表をしたり、ハッとするような発言をしているのを見ると、ものすごくショックを受けてしまうのです。それは一種のカルチャーショックであり、本来であれば自分を奮い立たせるいい材料になるはずなのですが、プライドを傷つけられたと感じてしまって、嫉妬まみれのネガティブモードに突入してしまうと、「もう授業からフェイドアウトするしかない！」となってしまう。こういう学生を救うのはなかなか難しいというのが正直なところです。

OCT. Vol.2

他者との違いは「上下」ではなく「左右」でイメージせよ

優秀じゃない自分を受け入れたくない気持ちはわかりますが、教員から見れば、学生が気にしている能力の差なんて、大したことありませんし、気にするだけバカらしいものです。だって、優秀に見える学生だって、別の授業、別のグループワークの場では、パッとしないこともあるんですから。ひとつの授業、ひとつの教室で発生した優劣に一喜一憂するのは、愚の骨頂。とりあえず落ち着けと言いたいです。

大学に入ってからは、ナンバーワンよりオンリーワンを目指すべきだと思います（脳内BGMは『世界に一つだけの花』でお願いします）。そして、もし自分を「大したことない」学生だと感じたなら、その「大したことなさ」を活かす方向にシフトチェンジしてください。大切なのは、ほかの学生との比較を「上下」ではなく、「左右」ですることです。「上下」は優劣をイメージさせますが、「左右」ならば差異をイメージすることができます。劣っているのではなく、違っている。とくに優等生タイプのみなさんは、それを強くイメージする必要があるでしょう。

グループワークなどでは、ひたすら上を目指す優等生的な集団よりも、左右の広がり、つまり多様性を目指すバラエティに富む集団の方が、圧倒的におもしろい結果を残します。そして、本当の意味で優秀な学生というのは、そうした環境を積極的に作り出し、楽しむことができる学生のことです。

たとえば、明らかに頭のいいヤツがいたら、自分は「あえて凡人の係を引き受ける」つもりで動けばいい。のび太がいて、出木杉《できすぎ》君がいるから、『ドラえもん』がおもしろいのと同じです。あれが出木杉君しか出てこない話だったら、国民的長寿番組にはならなかったはず。出木杉くんばかり目指すな！　のび太になれ！　ジャイアンになれ！　しずかちゃんでもいい！　アニメのたとえがわからないのなら、バンドでたとえましょう。ドラムしかいないバンドより、ギターがいて、ベースがいて、ボーカルがいるバンドの方が、いろいろな曲が演奏できる。これって当たり前なんですけど、自分のことで精一杯になってしまうと、わりと忘れてしまいがちです。

OCT. Vol.3

「お利口バカ」のつまらなさ

ここでわたしが言いたいのは、とにかく大学に入ったら偏差値とか出身校の知名度にしがみつくのをやめた方がいいということ。勉強ができること自体は素晴らしいですが、だからといって賢い自分にしがみついているんじゃ「つまらない」のです。ときにはあえて凡人の立場から「バカだからわかりませーん！」「知らないので教えてくださーい！」と言える学生になってこそ、知性は鍛えられますし、大学に入った意味があるというものです。

ちなみに、賢い自分にしがみつき続けた学生が、将来どうなるか知っていますか？飲み会のたびに「高校のときの全国模試、何位だった？　俺は一位だよ！」と自慢するような、しょうもない「お利口バカ」になります。

怒られそうなので誰かは言いませんが、とある高名な研究者と飲みに行ったら、高校時代いかに自分が賢かったかを語り始めて、びっくりしたことがありました。「予備校の模試で東大Ａ判定だった」とかずっと言ってるんですよ。その話がいつまでも終わらないので、トイレに行くフリをして別の席に移動しましたよね。そんな風に過去の栄光でしか自分を語れない人を、誰が尊敬できるというのでしょうか。尊敬できないどころか、バカにしたくなっちゃいますよ、もうガッカリだ！

そういえば、新入社員歓迎会の挨拶で「なぜわたしは優秀なのに希望の部署に入れなかったのでしょう？」とクレームをつけたお利口バカの話も聞いたことがあります。そりゃあ同期の中では優秀だったのかも知れないけど、会社にはあんたより優秀な先輩が一杯いるよ。むしろ新人のあんたは一番下っ端だし、一番使えない子だよ……そんな当たり前のこともわからないのが、お利口バカという生き物です。

大学に入ってたった半期で成績に差が出るように、この先の人生、どこに行っても差が開き、「できない方」に振り分けられる可能性があります。そのたびに優等生のプライドを傷つけられ、引きこもっていたら生きていけません。そして過去の栄光にしがみつくお利口バカになるのもやめておきましょう。上を目指すばかりでは息切れしてしまいますから、時には見方を変え、好奇心を持って右へ左へ動いていくことも大事なのです。自分というものを「ひとつ」に決める必要はありません。バカにも天才にも、貧乏にも金持ちにも、良いヤツにも悪いヤツにもなりながら、学生生活をサバイブしていくこと。そうした「自分内ロールプレイング」が、あなたの知性を育んでくれるのです。

OCTOBER

嫉妬&自己否定の沼から抜け出すためには

OCT. Vol.1

〝比較地獄〟に陥っていた大学時代

こんな本を書いておいてアレですが、「二度と大学1年生には戻りたくない」という気持ちが、正直あります。なぜなら当時、私は「嫉妬」という感情に激しく苦しめられていたからです。

嫉妬は自分と他人を比べることによって生じる心の動きですが、当時の私は〝比較地獄〟とも言うべき状態に陥っていました。「お前は万物がライバルなの？」と誰かにツッコミを入れてもらいたいくらい、すべてを妬んでいた。

まったくついていけなかったフランス語の授業で平然と１００点を取っていくクラスメイトを見ては、「浪人してやっと入学できた中堅校出身の俺と、現役でサクッと合格できちゃう進学校出身のみんなでは、生まれつきのＩＱが違うんだ！」「どうせ俺なんか下町の電器屋の息子だチキショー」と、親を恨みながら劣等感を募らせました（親ごめん）。また、オシャレな人や文化的な知識が豊富な人を見ては、「俺が近所の友だちとサッカーゲームばっかしてたとき、この人たちは膨大な映画や音楽に浸りながら見識を深めていたんだ！」「俺なんか大衆的なヒット曲ばっか聴いててオシャレな音楽とか全然知らねえ！」と、これまで過ごしてきた時間すべてが無為に感じられ、何か取り返しのつかないミスを犯してしまったような気分に苛《さいな》まれました。

その他にも、ライブに行けばミュージシャンに嫉妬し、映画に行けば俳優に嫉妬し、サッカーをやれば上手な人に嫉妬し、オシャレな人に嫉妬し、絵がうまい人に嫉妬し、料理ができる人に嫉妬し、お笑い芸人に嫉妬し、学食で女子と盛り上がる男に嫉妬し、複雑な家庭に育った人に対しても謎の嫉妬心を向けていました。もし自分が現代の大学1年生だったら、SNSのフォロワー数が多い人や、メディアで活躍しているような大学生に対して、それはそれは激しい嫉妬心を向けていたことでしょう。想像するだけで苦しすぎる……。まさにトミヤマさんの言う「上下」で比較しちゃう人間の典型ですね。

OCT. Vol.2

上には上がいる。でも、下にも下がいた……

今さら勉強を頑張っても無駄。サッカーを頑張っても無駄。自分には才能もセンスも武器も個性もないし、何かをしたところで上には上がいる。そうやってどんどん卑屈をこじらせていった私は、「チキショー、もう俺には何もねえ！」とヤケになり、次第に飲んだくれたり授業をサボったりするようになりました。実家で夕方までごろごろ寝ていたり、友だちと学食でうだうだおしゃべりしたり。まさに学費の無駄としか言いようのない自堕落な生活に陥りました。

が、しかし。恐ろしいことに、こちらの〝ダメ分野〟もすでに激戦区でした。たとえば昼間っから飲み始め、そのまま翌朝まで飲み続けてずっと泥酔しているような人や、大学の授業にまったく行かず、バイト先で正社員以上に働いて月40万も稼いでいるような人が、うじゃうじゃいる。飲み方やサボり方が異次元のスケールで、ちょっと学校をサボっただけで「俺ってダメ人間だわ～」と酔いしれていた自分が切なくなりました。世の中、下にも下がいるんですね……。

男性が男性だからこそ抱えてしまう悩みや葛藤に着目する「男性学」の研究者である社会学者の田中俊之《たなかとしゆき》さんによれば、男性が自身の「男らしさ」を証明しようとするとき、そこには〝達成〟と〝逸脱〟というふたつの方法があるそうです。言い換えると「男はエリートかアウトローになることで自分のアイデンティティの確立を試みる」ということになるかと思いますが、勝つことも負けることもできなかった私は、そのどちらにも失敗した感覚がありました。

OCT. Vol.3

雑多な自分を丸ごと認めてあげよう

そして待っていたのは、「俺、めっちゃ普通じゃね?」という現実と向き合う日々でした。喉から手が出るほど個性が欲しかった人間にとって、これは屈辱以外の何ものでもありません。

しかし、残念ながらそれを認める以外に道はありませんでした。自分には特別なところなんて何もない。100点を取る能力はないけど、かといって0点を取るほどの極端さもない。そこそこ器用で、どうしてもバランスを気にしてしまい、小心者ゆえ大きく逸脱することなんてできず、すぐに心身ともに疲れて眠くなってしまう……。当時の私は、そういう平凡な自分と周りの人間を比べまくり、さらに嫉妬心にかられ、卑屈になっていました。

こうして振り返ってみると、何てバカなことで悩んでいたんだろうと思います。こういう〝比較思考〟に囚われてしまうと、原理的に際限がなくなります。たとえ学校で一番足が速かったとしても、極端に言えば「でもどうせウサイン・ボルトには勝てないし」などというアホな発想になってしまい、どこまでいっても自分を認めてあげることができない。それは自分に対して酷なことだと思います。

こんな状態では恋愛だってうまくいくはずありません。この時期、私は合コンに出かけては「自分がいかにモテない男か」を必死にアピールするという行動を繰り返していました。「そんなことないよ〜」と言って欲しかったのでしょうか。それとも「モテないことにかけては俺が一番だ！」というねじれたマウンティングでも仕掛けたかったのでしょうか。今思うと、理解に苦しみます。そんなスタンスではやはりまったくモテず、自ら合コンを主催し、また友だちに誘われた合コンにも出かけまくるという謎のエネルギーに満ちあふれてはいたものの、連絡先を交換してもその後の付き合いはほとんど生まれなかったし、奇跡的に自分のことを気に入ってくれる女子が現れても、「こんな俺のどこがいいのか理解できない」「俺には特筆すべきところは何もないからやめた方がいい」と言わんばかりのひねくれた態度で接してしまい、すぐ引かれてしまうということを繰り返していました。

劣等感や競争心は、ときに強いエネルギーを生み出します。しかし、それが幸福や自己肯定につながるかというと、正直あまり関係ありません。たとえ何かで一番になれたとしても、たとえ周囲からおもしろがられるキャラクターを獲得したとしても、「何もしてない状態の自分」を好きになれないと苦しさは消えないからです。実績とか、偏差値とか、経験人数とか、知識量とか、フォロワー数とか、そういうものを一切脱ぎ捨てた自分、ただ存在しているだけの自分を肯定してあげられないと、苦しさ、自信のなさは消えてくれないのです。

トミヤマさんは「自分内ロールプレイング」と書いていましたが、そういう雑多な自分を丸ごと認めてあげることが、「自分の一部分だけを取り出して人と比べてしまう」という嫉妬の沼から脱却する契機になるはずです。自分は天才かと思う瞬間もあれば、自分のバカさに泣きたくなる瞬間もある。それはとても自然なことです。それらを人と比較して一喜一憂するよりも、「今日の自分はダメだな」とか、「ここでの自分はイケてるな」とか、適度に俯瞰《ふかん》しながら自分の状態をモニタリングしてみてください。

自分は自分が簡単に説明できるほど簡単な存在ではない！　自分が自分を好いてあげないと人からだって好かれない！　ということで、一緒にご自愛の精神を養っていけたらうれしいです。

NOVEMBER

祭りの

11月

- ▶ クリスマスが気になりはじめる
- ▶ 学園祭
- ▶ 講演会など文化イベント多発

NOVEMBER

学園祭での「プチ社会人」経験をどう活かすか

NOV. Vol.1 学祭で味わう「プチ社会人」気分

11月になりました。学祭シーズンの到来です。開催日が近づくにつれて学内がザワついてゆくあの感じ、お祭り大好き人間にとってはたまらないですよね！　お祭りなんか嫌いだという人も、学祭に合わせた臨時休講があったりして少しゆっくりできるので、文句はないはず。ともにこのシーズンを楽しもうではありませんか。

中高の文化祭では、先生の許可なしにできることなんてほとんどないですが、大学の学祭では、出し物の内容から、予算の組み方まで、ほとんどの部分を学生だけで決めることができますし、学生の身分でありながら「プチ社会人」として外部の人たちと関わり、経験値を上げることもできます。イベントサークルで芸能人やプロのミュージシャンを呼ぼうものなら、気分はすっかり業界人です。

バイトやインターンシップもプチ社会人的な経験と言えますが、求められる作業の多くは、わりと地味。それに対して、学祭はその名の通りお祭りなので、作業のひとつひとつが非日常的。苦労もあるけれど、とても楽しいものです。楽しくて経験値も上がるなんて、めっちゃお得！　と思うかもしれませんが、危ういところがあるのもまた事実です。

NOV. Vol.2 「学生だから」は自分から言ってはいけない

たとえば、ゲストを呼ぶときに「学生の企画だからノーギャラでお願いします」と、当然のように切り出す学生がいますが「学生＝貧乏＝ノーギャラ」という図式を素直に信じる大人なんて、そうそういません。だいたい、学祭の後って、打ち上げと称してひとり三千円くらい使って飲み会とかやるわけじゃないですか。その金があるなら、ギャラ払えるよね？　という話です。

もしノーギャラでOKしてくれる人がいたとすれば、ものすごくいい人である可能性もありますが、学生をナメてる可能性もある。通常の仕事より手を抜いて、学生のプチ社会人ごっこに付き合ってあげているだけかもしれないのです。

相手が学生だろうとなんだろうと、ちゃんとした仕事がしたいと思っている人ほど、

「学生だからノーギャラで」という言い方に疑問を持っています。喉から手が出るほどお金が欲しいとか、そういうことではなく、人に仕事をお願いするときの態度として、「薄謝しか出せないがとりあえず出す」か「薄謝しか出せないのでそれならば出さない」かの違いは、学生が思っている以上に大きいのです。このことについては、文筆家の岡田育《おかだいく》さんが、「アパートメント」というサイトに「どうして彼らは『お金』を払いたがらないのか」という名文を寄せていらっしゃいますので、みんな必ずググるように！

「少ないですけどギャラは払います！　拙いですけど大人と同じように働きます（最敬礼）！」という態度を見せてくれさえすれば、多少の失敗は許すし、なんなら応援だってしちゃうんですよ、大人って。学生なりに背伸びしてみるのって、大人と一緒に働く上ですごく大事だと思います。

「学生だから」という言葉は、学生のための言葉ではありません。それは、大人たちが使う言葉。「学生だから失敗もするよ」「学生だから大目に見るよ」といった形で、頑張っている学生を大人が慰め、励ますための言葉なのです。大人と一緒に仕事をしていてこの言葉を引き出せたら、みなさんのプチ社会人ごっこは成功と言っていいかもしれませんね。

NOV. Vol.3

「ショボかった君」として記憶に残らないために

大人にプチ社会人ごっこを批判されたくないからといって小さくまとまってしまうのは、とてももったいないことだと思います。学生のうちに大人のまねごとにチャレンジするのは、決して悪いことではありません。野心的な学生というのは、掛け値なしにいいものです。

野心的といえば、わたしの大好きなマンガ『働きマン』（安野《あんの》モヨコ、講談社）の第13話は、就職活動がテーマなのですが、その中にこんなセリフが出てきます。

たいていのヤツはボールを「入社」に向かって投げるから／最高でも「届く」で普通はもっと手前で落下する／ところが目標を「入ってから何をするのか」「どうなりたいのか」に設定すれば／自《おの》ずと遠くへ投げるから結果として「入社」は飛び越えている

このセリフには「入社」というワードが入っていますが、ここを「イベントの成功」に変えてみてください。イベントがやれればなんでもいいとばかりに、いい加減なことばかりする学生の球は、確実に手前で落ちます。でも、目標を遠くに定め、全力で球を投げれば、見える世界は大きく変わります。遠くに球を投げるとは、言うまでもなく「学生だから」という言い訳を自らに禁じ、大人のスケールで行動することです。

このことについては、ぜひご紹介したい話があります。わたしの教え子に、授業で小冊子作りを経験したらハマってしまって、学祭でもオリジナル冊子を頒布しようとした女子がいました。でも、表紙のデザインが某作品のパロディだったため「著作権的に大丈夫なのか？」ということが問題になったんですね。そしたら彼女は、すぐさま専門知識のある大人たちに相談して、権利的に問題ないラインを探りはじめたんですよ。パロディをやめちゃうのが一番簡単で、次は「よく知らなかったから」で無理やり切り抜けちゃうのが簡単なんですが、どっちも選ばなかったんです。

というのも、彼女はすごく野心家で、「文学フリマ」のような一般のイベントで勝負することも視野に入れながら活動していたんです。つまり、ものの見方が大人寄りなんですよ。だから決して小さくまとまるようなことはしなかった。わたしの授業を受けるまで冊子なんて作ったことがなかった学生でも、意識の持ち方ひとつでちゃんと大人の世界に手が届いた。実にいい話ですよね。彼女はきっとこれからも着実に自分の目標を達成してゆくでしょう。

学祭というと「学生時代の思い出作り」だと思っている人が多そうですが、イベントを企画した学生が、その後社会人になって、ひょんなことからかつて関わった大人たちに再会し「ああ、あのときの君か！」となることは、決して珍しいことではありません。ただし「あのときの君」が「頑張ってた君」なのか「ショボかった君」なのかは、過去の自分が「どんな球を投げていたか」にかかっています。

「学生だから」と甘えたことを言えば言うほど、再会したときに恥ずかしい思いをする可能性が高い。逆に、めちゃくちゃ失敗して怒られたとしても、大人のスケールでやってやろうと頑張ったなら、何も恥じる必要はない。どんな球を投げるかで自分の未来が変わることもあるのですから、プチ社会人としての投球スタイルには十分注意してください。

なお、学祭に一切関わらず、家でゴロゴロしている諸君。君たちの選択も、ある意味正しい。どうせ卒業すれば、嫌でも大人の世界で、大人のスケールで生きていくはめになるのですから。全力で学祭から逃げるのも、アリだと思います……と、学生時代一度も学祭を経験せぬまま大人になったわたしからお伝えしておきます。

NOVEMBER

祭りが苦手な人間は学園祭とどう付き合うべきか

NOV. Vol.1

子どもの頃から祭りが苦手だった

みなさんの中には、学園祭はおろか、そもそも祭りが苦手って人も多いと思います。私も小さい頃から祭りという祭りが苦手で、御神輿《おみこし》なんて担ぎたくないし、フェスとかもほとんど参加したことないし、学園祭にも思い出したくないトラウマがいくつもあります。

じゃあ参加しなければいいのでは？　という話なんですが、祭りというのはスルーするのが難しいイベントでもあります。無関心を装っても視界に入ってきちゃうし、楽しまないと何か損してるような気分にもなる……なかなか厄介ですね。

なぜ祭りが苦手なのか、考えてみるといくつか要因が思い浮かびます。まずは「自意識過剰」で、このタイプの人間は自分をうまく解放できないし、浮かれてる姿を人に見られることに極度の恥ずかしさを感じます。

また、「ハイテンションの人が怖い」というのもあるでしょう。人は祭りになると、なぜか性格が荒っぽくなったり、話が通じなくなったりします。私は高校生のとき、普段は内向的で穏やかな性格の友人が文化祭でヘッドバンギングしているところを目撃し、恐怖におののいたことがあります。めっちゃ頭振ってました。メガネも壊れそうになっていました。

さらに、「どう振る舞っていいかわからない」という悩みもあると思います。音痴の人がうまくリズムに乗れないように、運動神経の悪い人が大縄飛びに入れないように、祭りが苦手な人間はノリや作法がわからず、その空気の中に入っていくことができない。やろうと思ってもできないわけで、なかなか悩ましい問題です。

いかがでしょうか。祭りが苦手な人は、おそらくこのような要因を抱えているのではないかと考えます。私はこんな感じで祭りが苦手だったわけですが、不幸なことに地元が東京の下町・北千住《きたせんじゅ》という祭りの盛んな地域だったため、小さな頃は「ワッショイ！」と叫ぶ度に猛烈な恥ずかしさに襲われていました。中学生のときは、地元の祭りで好きだった女の子がヤンキーグループの男子と歩いているところを見てしまい、屋台で買ったフランクフルトを落としました。さらに大学生のときは、サークルの学園祭担当に任命されたものの、エントリーの申込書を期限内に提出し忘れ、その年の学園祭に参加できないという不幸に見舞われました（これは完全に俺が悪い）。自分は祭りの神様に愛されていない人間だなと、つくづく思います。

NOV. Vol.2

ハロウィン・ブームで気づいた祭りの本質

しかし、大人になってその考えに少し変化がありました。きっかけは、今やすっかり秋の風物詩となったハロウィンでした。

このイベントもご多分に漏れず超苦手で、「宗教的な背景もないくせに、日本人がハロウィンだなんておかしくね？」などと負け犬根性を剥き出しにしていたわけですが、思い思いの姿で街を練り歩く人々を見て、何となく祭りの本質がわかったような気がしたのです。

というのも、街やキャンパスというのは、普段は暗黙のルールに支配されています。ここに入っちゃダメとか、ここで座っちゃダメとか、右側を歩けとか、ジャンプするなとか、大きな声を出すなとか、ヘンな格好をするなとか……路上や校内には、そういう見えない強制力が働いています。

これらはもちろん秩序を保つ上で大事なルールなのですが、その一方で、我々はこれに無意識下で息苦しさを感じている可能性も否定できません。おそらく祭りというのは、それらが一時的に解かれる〝無礼講〟的な時間なのではないか――ハロウィンから、そんなことを感じたわけです。

これにより、少しずつ祭りに親近感がわいてきました。好きな格好をしていいし、座りたいところに座っていいし、振る舞いたいように振る舞っていい。先生がお酒を飲んだっていいし、先輩にタメ口を利いてもいい。そんな風に、ルールや立場といったものから一時的に解き放たれ、みんなで期間限定の自由を謳歌しちゃおうというのが祭りの本質かもしれない……。

それまでの私は、世の中には祭りの得意な人間と苦手な人間がいて、祭りは選ばれし前者だけに楽しむ特権が与えられる理不尽なイベントだと考えていました。

しかし、実はそんな度量の狭いものではなく、人に危害を加えたりしなければ基本的に何をしていてもオッケー。そういう祭りの空気感がみんなを開放的な気分にしていたのだと、大人になってからようやく気づきました。

NOV. Vol.3

学園祭はキャンパス内の行動範囲を広げるチャンス!

このように考えてみると、学園祭にはいろんな楽しみ方がありそうです。祭りは誰もが自由を満喫できる場という視点から、それぞれの楽しみ方を見出して欲しいと思います。

学園祭の実行委員として汗を流したり、部活やサークルの演し物《だもの》に情熱を傾けるという王道の楽しみ方もありでしょう。ただ、ひとつ注意して欲しいのは「成果主義」や「マーケティング志向」といったものに囚われすぎないで欲しいな、ということです。学生たちの声を聞いていると、最近の学園祭では集客や売上、バズや話題性といった要素が重視され、自分たちがやりたいことよりも、世間にウケそうなこと、メディアやSNSで話題になりそうなことが優先される風潮が強まっているようです。しかし、学園祭は仕事ではなく、あくまで祭りです。失敗やハプニングも含めて楽しんじゃおうという姿勢を、どうかお忘れなく。

一方で、普通の客として満喫するのも全然ありだと思います。出店やイベントで頑張ってる人たちの青春オーラに「ケッ！」ってなるから参加したくないという気持ちは痛いほどわかりますが、そこをぐっと堪《こら》え、ぜひ参加してみることをオススメします。というのも、学園祭は普段立ち入らないような場所に入ってみるチャンスでもあるからです。人の行動範囲はすぐに固定化してしまいます。駅から学校までの道、出入りする教室、いつも通るルート、よく溜《た》まる場所など、大学に慣れてくるほど固定化してしまう。人は案外狭い範囲で行動しているものです。キャンパス全体から見たら、おそらく2〜3割程度しか活用していないかもしれない。学園祭は、それを広げるチャンスです。普段囚われている暗黙のルールや習慣の外に飛び出して、ぜひキャンパスのいろんな場所を歩いてみてください。新鮮な気分が味わえ、意外なお気に入りスポットも見つかるかもしれません。それは、その後の大学生活にもきっと活きてくるはずです。

学園祭とは、自意識を解放し、自由を謳歌するセンスを養ういい機会です。もしも私と同じような気持ちで祭りに背を向けている1年生がいたら、「とりあえず参加しとけ」と先輩は言いたい！　そしてどうか、私とトミヤマさんをぜひ学園祭に呼んでください（絶対行くから！）。

DECEMBER

狭く深くの

12月

- ▶ 2年次の進級コース決定
- ▶ クリスマス
- ▶ 冬休みスタート
- ▶ 年末の帰省

DECEMBER

本当になんでもできる？マルチなコースへの進級は罠《わな》

DEC. Vol.1

なんでも勉強できるマルチなコースは罠！

12月といえば、世間的にはクリスマスや年末年始のお楽しみで忙しいイメージですが、大学によっては、2年生からの専門課程をどうするか決めねばならない時期であるため、むしろそっちで気持ちが落ち着かない人もいるはず。いよいよ「2年生になった自分」と向き合うときがやってきたというわけです。

進級を希望する先がAコースとBコースの2択、という場合は、わりと話は早いのですが（それでもかなり悩むとは思いますけど）、問題なのは、4つも5つも希望のコースがあって、まったく絞り込めないケース。やりたいことがたくさんあるとも言えますが、やりたいことがはっきりしていないだけとも言えます。その結果「なんでもできそうなコース」の人気が高くなるわけですが、このようなマルチ対応型のコースは、はっきり言って、罠！　かなり危険だと思います！
今やりたいことが絞り込めないからこそ、いつか「これだ！」となったときに、なんでも受け止めてくれるマルチなコースにいた方が安心じゃない？　……そう言いたくなる気持ちは、すごくよくわかります。わたしのところにも、「ひとつのことを極めるコースも気になるけど、やっぱり怖いからマルチなコースにしておいた方がいいですかね？」と相談にくる学生が後を絶ちません。が、わたしは絶対に「マルチ推し」はしないと決めています。

DEC. Vol.2

「なんでもできそう」と「なんにもできない」は表裏一体

なぜなら「なんでもできる」は、かなりの確率で「なんにもできない」と直結しているからです。たとえば、和洋中なんでもあるバイキング（ビュッフェ）を想像してもらいたいのですが、あれって結局、料理がどれだけ美味《おい》しくても、自分で皿に盛りつけた瞬間から素人感丸出しのゴチャゴチャプレートになっていくじゃないですか？　「なにこれ、エサ？」みたいな感じになってる人、いっぱいいますよね？　なんでも食べられるという利点が、エサみたいなビジュアルのガッカリ飯を生み出す。これが「なんでもできる＝なんにもできない」の仕組みです。

バイキングのごはんをキレイに盛りつけるには、相当のセンスと鍛錬が必要。それと同じで、マルチなコースを選択するのであれば、それを使いこなすだけのセンスが学生の側にないとダメなんです。あなたが、コースのカリキュラムを調べ、所属教員の専門分野を調べ、授業に潜り、ついでにその教員の論文を読む……ぐらいのことを誰に言われなくてもできちゃうタイプなら、マルチなコースでも十分やっていけます（ちなみにこの方法は、現役学生が「これぐらいみっちり調べてから進級するコースやゼミを決めるべきだった」と語ってくれたことを元にしています）。でも、12月の時点で「やりたいこと」がまだ絞り込めていないようなぼんやりさんは、そんなことしないし、できないんだよな〜。

その結果、マルチなコースには、一部のセンスある学生と、その他大勢のぼんやりさんが集まってくることになります。そこで繰り広げられるのは、センスある学生の台頭と、彼らを見て劣等感を募らせるぼんやりさんの凋落《ちょうらく》。この格差を見ることほど、教員にとってキツいことはありません。だから言いたい。ぼんやりさんこそ偏っておきなさい！　バイキングに行かないでまずはフレンチのコースだけをがんばって食べなさい！

実はわたし自身、過去に苦い経験をしているのです。学部生の頃、浅く広く学べるコースに進んだ方がツブシが利いていいだろうと、安全な道を選んだつもりで民法コースに進みました（わたしがいた法学部では、憲法や刑法はマニアックというイメージが支配的だったため）。さらに、その中でもかなり柔軟性があることで知られるゼミに入ったのですが、柔軟性がありすぎて、「○○を極めました」と言えることがひとつもないまま卒業するはめになりました。

いや、副幹事長として運営とかは相当がんばった……コミュ力もアップした……でも、運営能力やコミュ力って、ほかの場所でも鍛えられることだし、もはや学問関係ないんですよね。今考えたら、ちょっとニッチな著作権法のゼミとかに入っておくべきだったとわかるのですが、後の祭りでございます（泣）。

ついでに白状すると、みんな取ってるから安心だと思って、必修の第二外国語を中国語にしたのですが、興味がない語学をやったところで身につくはずもなく、いまのわたしは超簡単な日常会話すらできません！　完全に学費のムダ！（お父ちゃんお母ちゃんごめんなさい）学生へのインタビューでも、学びたいかどうかではなく、「安全パイ」かどうかで授業を取った結果、なんにも身につかなかった学生が結構いて、「安全パイ」がちっとも安全じゃないことを痛感させられます。

学問に関して、最初から「浅く広く」が上手にできる学生は、本当に少数派です。あれこれ学べるコースに惹《ひ》かれてしまいそうなときこそ、そうした環境を本当に使いこなせるかどうかを己に問うてみてください。

DEC. Vol.3

ぼんやりさんこそ偏りが必要

そして、ぼんやりさんに偏ってみることをオススメする理由がもうひとつあります。それは、一回がっつり偏っておいた方が、本当にやりたいことを見つけやすいということ。ここでいう「偏る」とは、特定の学問領域について専門的に学んでゆくことを指していますが、その過程でかならず「これ向いてる！」「これ無理！」と思う瞬間が出てきます。向いていることに気づけたら、儲《もう》けもの。そして向いていないことに気づくのも、同じく儲けものです。

何が好きで、何が嫌いか、何が得意で、何が苦手か。得意を伸ばす方がいいのか、苦手を減らす方がいいのか……こうした自己分析はすべて「とりあえず偏ってみる」ことからはじまります。偏るとか、型に嵌《は》められる、というのは、抑圧されることです。しかし、抑圧があってこそ、そこから自由になろうとする強い心が育まれるんだと、わたしは言いたい。キツすぎて病んじゃうほどの抑圧からは逃げるべきですが、筋トレだと思えるレベルの抑圧については、引き受けておいた方がいいのです。

たぶん、みんな将来が不安なんだと思います。だから自分の中にいくつもの可能性を持っておきたいんだと思います。しかし、偏ることをむやみやたらと恐れる人より、得意分野ではバリバリ活躍して、苦手分野では誰かに頼ることを恥ずかしがらない人の方が、重宝されるし、愛される。つまり、この世界に自分の居場所を見つけやすいのです。なぜオールマイティでない人間が愛されるのか？　それは「偏り」というのが「個性」の別名だから。学生としてどんな偏り＝個性を発見できるか。いかにおもしろく&チャーミングに偏っていくか。それを考えることが何より大切です。「偏る」ということは、高確率で「極める」ことに繋がります。ですからどうかみなさん、偏ることを恐れないでください。

DECEMBER

「クリぼっち」は人間関係を見直すチャンス

DEC. Vol.1

自分の所属先はどこなのか？

師走のビッグイベントといえばクリスマスですが、今は「クリスマス＝恋愛」という時代でもないし、たとえひとりで過ごすことになってもＬＩＮＥやＳＮＳで誰かとコミュニケーションは取れるため、そこまで強烈なさみしさを感じることはないかもしれません。しかし、体感的にはそこまでさみしくないにもかかわらず、〝クリぼっち〟という言葉がそれなりに重たい意味を持っているのには理由があります。それは「自分の帰属先」が問われてしまうからです。

クリスマスというのは、多くの人間が「誰と過ごすか」を一斉に考えるイベントです。恋人だけでなく、どの友だちと過ごすか、どのグループのイベントに参加するか、数日前から考えてしまう人は多いと思います。また、仮に普通の日と同じようにひとりで過ごそうと思っても、「ひとりであること」をつい意識させられてしまう。クリスマスの火の粉は、関心の有無にかかわらず万人に降りかかります。どんなスタンスを取ろうと、強制的に意識させられてしまうのが厄介なところです。

私たちは基本的に、複数のコミュニティに属しながら日々を送っています。大学1年生であれば、地元の幼なじみ、中学や高校の友だち、大学のクラスメイト、サークル、バイト先、趣味のつながりなど、関わりの濃淡が異なる複数の所属先があると思います。

こういった中で、みんなが一斉に誰と過ごすかを考えさせられてしまう……。すると、どうなるか。ここで私たちの脳裏に浮上するのが、「自分の本当の居場所（ホーム）はどこなのか？」という問いです。

これを考えるのは、案外恐ろしいことです。もちろん、確固たる所属先がある人は問題ないでしょう。自分もそこをホームだと認識し、相手も同じ思いだと確信できる。こういった関係がひとつでもあれば安心だし、「恋人」というのもそういった所属先のひとつです。

DEC. Vol.2

「居場所がない」という不安にどう向き合えばよいのか

問題は、これに確信が持てないときです。

いろんなコミュニティに所属してるものの、どの所属先でも「自分はコアメンバーである」と胸を張って言い切ることができない。自分が仲良しだと思っている人には、自分よりももっと仲良しの人がいるかもしれない。あのグループで、自分の位置づけはどのあたりなのか。結局のところ、自分にはホームと呼べる人間関係などないのではないか——。こういった不安をあぶり出してしまうのがクリスマスというイベントではないかと思います。

だから、たとえば「一緒にクリスマスを過ごす人がいない者同士で集まろう」といった主旨のイベントがいろんなところで開催されたりしますが、パッと見「さみしい人たちの集い」風であるものの、これを「思いを共有する仲間たち」という視点で見れば、実はわりとハッピーな場になっていることがわかります。

これに比べれば、つながりに自信の持てないコミュニティのパーティーに参加する人の方が不安はずっと大きいはずです。

このように、否応なしに「本当の居場所はどこか?」と問いかけられてしまう。これこそが〝クリぼっち〟に対する恐怖の核心ではないかと私は考えています。

では、この不安にどう向き合えばよいのか。トミヤマさんは先に「偏ることを恐れると何もできない」と書いていましたが、実はこれ、人間関係の問題にもかなり通じることではないでしょうか。

今の大学生はしばしばマジメ・バランス重視・損することを嫌がるといった傾向を指摘されますが、これは人間関係の作り方にも当てはまります。

日常生活を快適に過ごすためには、人とのつながりが不可欠です。刺激や癒し、有意義な情報などを得られるし、孤独や不安を埋めてくれるといった効能もあります。

しかしその一方で、人間関係は面倒くさいものでもあります。他者は自分の思い通りに動いてくれないし、ちょっとした原因ですれ違いやいさかいが生じてしまうことも多々あります。コミュニケーションというのは心身にそれなりの負荷がかかり、それを維持していくためには、お金や時間といったコストを払う必要もあるわけです。

このように、面倒やコストのかかるものに関しては、「なるべく要領良くやろう」という考えが生まれます。コストパフォーマンスを高めようとするのは、この資本主義社会では極めて自然な発想だからです。

DEC. Vol.3 支払わされた「浅く広く」のツケ

では、人間関係でコスパを追求しようとするとどうなるか。そこでは、様々なコミュニティに「浅く広く」関わることで、なるべくデメリットを背負わず、メリットだけを得るような付き合い方や、他者とのコミュニケーションにかかるコストを可能な限り削り（たとえばやりとりをＬＩＮＥやＳＮＳなどすべてオンライン化する、といった方法で）、リアルな時間とお金はすべて自己投資にまわすといったアクションが志向されがちです。コミュニティにしても、コアメンバーとしてイベントや飲み会を運営するより、誰かが作ってくれた場に乗っかる方が効率的だと見なされます。

しかし、こういう「コスパ重視」の心構えこそが、実はクリぼっちに対する恐怖の原因とつながっているのです。

何ごとも「浅く広く」というのは意外に難易度の高いものです。様々なコミュニティを渡り歩き、面倒を背負わず器用に生きていくことはもちろん可能だと思いますが、その代償としてついてまわる「結局のところ、自分はどこにも所属していないかもしれない……」という不安は、案外バカにならないからです。

私も大学時代、八方美人の限りを尽くした結果、誕生日もクリスマスもお盆も年越しもすべてひとりぼっちで過ごすハメになったことがあります。

そのことを周囲に愚痴ると、「えっ、そうだったの？　他のグループで過ごすのかと思って声かけなかったよ。誘えばよかったわ〜」と、みんな口を揃えて言いました。所属する複数のコミュニティの狭間《はざま》で発生した、台風の目のような空白地帯に、私はすっぽりハマり込んでしまっていたのです。つまり、これが「浅く広く」のツケです。

それを防ぐためにも、人間関係においても「とりあえず偏ってみる」ことをオススメします。損得を考えず、とりあえずどっぷり関わってみる。なるべく一緒にいる時間を増やし、共有する記憶や体験を増やしていく。その結果、リターンも面倒も倍になります。そうやって時間やコストが堆積していった結果、帰属意識が形成されていくかもしれないし、逆に、どこかの地点で「自分の居場所はここではない」と悟る瞬間が訪れるかもしれない。

そこまでいければしめたものです。確固たる仲間や、逆に「自分はひとりの方が好きかも」という確信がきっと得られるはずです。クリぼっちは自分の人間関係を見直すチャンスということで、目をそらさずその不安に浸ってみてください。

JANUARY

目標設定の

1月

- ▶ お正月
- ▶ 成人式
- ▶ 大学入学共通テスト（による休講）
- ▶ 後期試験
- ▶ レポート提出

JANUARY

量産型大学生から脱却し個性を磨こう

JAN. Vol.1

「みんなと一緒」は本当に安心・安全か？

4月に入学したと思ったら、あっという間に1月ですよ……。まったく、時の流れというのは恐ろしいものですね！ うかうかしていると、とくにこれといった盛り上がりのないまま大学生活が終わってしまう危険性も十分にあります。「一年の計は元旦にあり」ということわざにならって、ここらで一度、生活設計を見直しておくのも悪くありません。

そのときに考えるべきは「この先、個人としてどう動けばいいのか？」ということです。当たり前ですが、大学が提供してくれるサービスは、どれだけよく考えられていたとしても、所詮は大学生という「群れ」のためのものです。カリキュラムに従って教育を受ければ「それなりの大学生」にはなれますが、それって結局のところ「量産型大学生」になっただけのことなんですよね。みなさんの中には、1年生のうちから就職のことを考えている人もいると思いますが、大学のネームバリューがあればたとえ量産型でもなんとかなった時代はとうに終わりを告げ、個性で勝負する時代がやってきています。厳しいことを言うようですが、高偏差値の有名大学だからといって、就職に有利なんてことはないのです。

しかし、学生を見ていると「個であること」を怖がり、みんなと一緒なら安心・安全だと思っている人が本当に多い。みんながサークルに入るから、自分も入る。みんながインターンシップに参加するから、自分も参加する。群れに紛れてうまくやるのが賢い生き方だということなのでしょう。気持ちはわかる、わかるのですが、それでいいのかな……。

何年か前のことですが、「個性的でいいなあ」と思っていた学生が「この歳になって怒られるぐらいなら、ほどほどの出来でいいから怒られない方を選ぶ」と言っているのを聞いてしまい、ショックを受けました。素晴らしい個性を持った学生が、自分の特性を生かすより、地味でもいいから平穏に過ごしたいと言うのです。なんてもったいないことを言うんだと思いましたが、あまりに真剣な様子だったので、なにも言い返せませんでした。量産型大学生の枠からはみ出るのはリスキーであるという判断なのでしょうが、長い人生を考えると、個性という武器がない方がよほどリスキーだと感じます。

JAN. Vol.2

派手で目立つことだけが「個性的」なのではない

大学までは、個性があろうがなかろうが、どうにかやっていけます。どんな人も受け入れるのが教室という場所だからです。しかし大人になると、そうもいかない場面があるのです。就活がその最たるものですが、あれって何のためにエントリーシートを書かせたり、面接をやったりするかというと、結局のところ、応募者の個性を知りたいからなんですよね。

しかし、はみだすことをリスクと捉える量産型大学生は、個性を見せろと言われても「サークルの副幹事長をやってました」ぐらいしか思いつきません。でも、サークルの副幹事長なんて、全国に掃いて捨てるほどいるわけです。「メンバーの揉め事《ごと》を解決する中で、リーダーシップとは何かを学びました」とかドヤ顔で言われてもなあ、って話ですよ。副幹事長が揉め事を解決するって、超ふつうのことですもん。どこにも意外性ないですもん。

クラスやサークルの幹事をやること自体はいいのです。バイトや趣味に打ち込むのもいいことだし、ダブルスクールや留学もいい経験になるでしょう。でも、そうした経験の中身が凡庸だったら、個性的にはなれない。かといって、自転車で日本を一周したり、海外を放浪したり、というのも、ちょっと違う。学生の多くが勘違いしていますが、個性的であるというのは「目立つこと」でも「派手なこと」でもありません。地味なまま個性的になることは、十分に可能です。

JAN. Vol.3 「ショボい目標」を立て続けろ！

地味なまま個性的になる上で大事なのは「ショボい目標」を立て続けること。それだけです。くそ真面目な長期計画を立てたところで、絶対に長続きしません。志を高く持ってずっと頑張り続けるのは、とても難しいことだと思います。

ですから、思い切って発想を転換しましょう。頑張りの続かない自分を「短期集中型」と捉え直し、小さな目標を数珠つなぎにしていくのです。ひとつひとつの目標はショボくていいので、とにかく達成できる目標を、どんどん立てていきましょう。

たとえばわたしの場合、「将来は出版関係の仕事に就けたらいいな」という目標をショボくして「とりあえずフリーペーパーを作る」に定めました。でも、ひとりでいきなりフリーペーパーを作れる気がしなかったので、さらに目標をショボくして、「散歩のついでにフリペを見かけたら貰っておく」というところからはじめました。

もう、目標なんて呼べないくらいショボいのですが、大事なのはそのショボさです。

「いくらなんでもこれはショボすぎる。もう少し意義のあることがしたい」とイライラするくらいが、丁度いい。自分で自分を欲求不満にすることで、また次の目標が生まれます。フリペ集めからスタートしたわたしは、その半年後に無事フリペを発刊することができました。そして、小さな目標を達成できたことで、「やっぱり商業ベースで書いてみたい」という新たな欲求が出てきたりもして、その結果、ライターになってしまいました。ライターというと、何やらクリエイティヴな仕事のように思うかも知れませんが、最初から個性が爆発している必要なんてないのです。誰にだってできるフリペ収集からはじめたわたしがその証拠。「頑張ったらできそうなこと」ではなく「どう考えてもできること」からはじめて「単発の小企画が次々に成功を収めている（でも小企画だからちょっと欲求不満）」という気持ちをキープすることで、少しずつ経験を積み上げ、その経験によって個性を伸ばす……そんな流れが作り出せたら、最高だと思います。

ちなみにわたしは、フリペと並行して、出版関係のバイトを探すことも考えたのですが、「周りの人にバイトがしたいと言いまくる」という、これまたショボすぎる目標からスタートしたのでした。でも、この方法で本当にバイトを紹介してもらえたんですよね。この「言いまくる」戦術、案外バカにできない！　みんなも騙《だま》されたと思ってやってみて！

JAN. Vol.4

大きな目標での挫折より、小さな目標での成功を

「夢はでっかく！」というのは、本当にそうだと思いますし、努力の天才は、夢に向かって脇目もふらず頑張ることができるのでしょう。しかし、凡人は飽きっぽいですし、脇目もふりまくります。だから、飽きないように「すぐに叶《かな》えられる小さな夢」をうまいこと配置するのが何より大事なのです。

それに、たったひとつの大きな目標に向かっていって挫折しようもんならマジで絶望してしまいますが、小さな目標を達成していくパターンだと、万が一最終目標に到達できなくても、これまでの成功は成功として、小さいかもしれないけれどちゃんと自分の中に残ります――リスクを恐れる量産型大学生にとって、この言葉はとても魅力的に響くのではないでしょうか。

JANUARY

計画しても挫折しがちな我々がすべきこととは？

Takayuki Kiyota

JAN. Vol.1

大敵は「欲張り」と「自己肯定感の低さ」

アホなことに、私は毎年のように「新年の決意」をしています。そしてアホなことに、その決意によってガラッと変貌を遂げる己の姿を、毎年懲りずに夢見ています。

早寝早起きをする。ランニングと筋トレを日課にする。栄養バランスの取れた食生活を送る。本をたくさん読む。話題のトピックをチェックする。時間を有効活用する。仕事の連絡は即レスを心がける。原稿は締め切り前に提出する。集中力を高める。なるべく自転車で移動する。近所のお店を開拓する。いろんなカフェをめぐる。書店を定期的にのぞく。映画や演劇鑑賞を欠かさない。友だちと会う時間を増やす。日記を書く。毎日ゆっくりお風呂につかる――。

などなど、ワークもライフも大充実させたいという妄想をせっせと膨らませているわけですが、三が日を過ぎた頃にはすでにうやむやになっているという有り様です。

このように私は計画性が絶望的に欠如している人間なのですが、同じような悩みを抱えている人も多いと思います。物事の優先順位がつけられない、時間の管理がうまくできない、長期的な視野を持てない、to do リストを予定通り消化できない……ああ、ストレスですね。

なぜ、物事を計画通りに遂行していくことはかくも難しいのか。これまでの実体験から思うのは、計画性の大敵は「欲張り」と「自己肯定感の低さ」です。

前者はわかりやすいですね。欲張りな人間は、スケジュール・処理能力・キャパシティを完全に無視して予定を詰め込んでいきます。ゆえに物事がスムーズに進まず、計画がもれなく頓挫していく……。

一方の後者はなかなか厄介です。自己肯定感が低い人間は、「何もしていない」という状態に不安を覚えます。ヒマ＝需要がないという感覚があり、「人から求められたい」「何かの役に立ちたい」（じゃないと自分が存在する意味がない）という気持ちが強いため、誘いや依頼を断れず、また自分自身でも空白を埋めるように予定やタスクを詰め込んでしまう……。

JAN. Vol.2 「精神論」で片づけられる問題ではない

その他にも、今はSNSやLINEなどのツールが発達しまくった結果、コミュニケーションが迅速化&多層化し、人間関係のメンテナンスコストがバカにならない状況になっています。また、あらゆるメディア・サービス・コンテンツが個人の可処分時間を奪い合う熾烈《しれつ》な競争を繰り広げているため、私たちの時間が知らず知らずのうちに何かで埋まってしまうような状況にあることも見逃せない事実です（気づけばスマホゲームに何時間も費やしていた、ネットニュースを見ていたら1時間経っていた、といった経験は誰にでもあるはずです）。

何だか大袈裟《おおげさ》な話になってきましたが、要するに「なぜ計画の遂行は難しいのか」という問題は、単に個人的な資質だけが原因というわけでなく、背景に様々な社会的要因も絡んでいる、ということが言いたかったわけです。己の計画性のなさに日々落ち込む人も多いかと思いますが、これは「ダメ人間だから」という精神論で片づけられる問題では決してないということを、私は声を大にして言いたい！

ちなみに、こういった問題に興味のある方は、アマゾンで年間ベストブックにも選ばれた『WILLPOWER 意志力の科学』（ロイ・バウマイスター、ジョン・ティアニー、インターシフト）と『いつも「時間がない」あなたに　欠乏の行動経済学』（センディル・ムッライナタン、エルダー・シャフィール、早川書房）の２冊をオススメします。膨大な調査結果をもとに、物事が計画通りに進まないカラクリを科学的に検証している大変ためになる２冊です。

JAN. Vol.3

小さな成功体験を積み上げ、自信を育んでいく

世の中には、子どもの頃から計画性を標準装備している人もいます。たとえば私が所属していたサークルの幹事長Nは、スケジュールや予算の管理能力がハンパなく高く、なおかつそれを粛々と遂行していく行動力も兼ね備えていたため、「Excel」というあだ名がついていました。頭の中が常に表計算で整理されており、何かとだらしない私はよく彼に叱られていたものです。

でも、我々は頑張っても「Excel」にはなれません。無理して鍛えれば実行力も管理能力もある程度はアップすると思いますが、それはどこか「無理をする」ことに等しい。長い目で見たら、頑張る路線は結構キツいと思います。

では、どうしたらいいか。計画の遂行でまず大事なのは「己を知ること」です。自分は何がしたいのか。自分は何が嫌で、何を大事にしたいのか。自分のキャパシティや処

理能力はどの程度か。そのためには何をどのくらいやっていくのがいいのか——。こういったことを、試行錯誤の中で見出していくことが大切です。

また、「できていることに目を向ける」というのも重要なポイントです。自分に自信を持てない我々は、自分ができていないこと、これからやるべきことばかりに目を向けてしまいます。しかし、これは往々にして自分を低く見積もりすぎです。そうなってしまう気持ちは痛いほどわかりますが、立てた目標のうち、案外いくつかはちゃんと実行できていたりするものです。

私も冒頭の目標を達成できているとはとても言えませんが、それでも週に何日かは早寝早起きできたりするし、毎回ではないけど、集中して原稿を書き、締め切り前に提出できるときもある。読書や観劇に関しても、胸を張れるレベルではないけど、それでもコツコツ積み上げている気もする。できていることを紙に書き出すなどして可視化し、目を向けてみると、「何だ、実は自分だってダメダメってわけではないんだ」という実感を得られたりするものです。

そうやって考えていくと、トミヤマさんが訴えていた「すぐに叶えられる〝ショボい目標〟を立て続けよう」というアドバイスは現実的かつ理にかなったものだと感じます。まずは自分のキャパシティの中でできることをやってみる。そこで成功体験を得て、次はもうちょっと大きな目標に挑戦してみる。「自分で自分を欲求不満にする」というのも目からウロコです。

実はこれはビジネスの世界でも注目されている考え方で、アメリカのベストセラー作家ピーター・シムズは、著書『小さく賭けろ！　世界を変えた人と組織の成功の秘密』（日経ＢＰ社）の中で「Little Bets（小さな賭け）」という概念を提唱しています。小さな賭けとは、簡単に言えば「達成のハードルが低く、たとえ失敗しても致命傷にならない程度の目標やトライを繰り返すこと」で、グーグルやアマゾン、ピクサーやスターバックスといった世界的企業が起こしたイノベーションの裏には、この戦略が大きく関与していたそうです。自信や自己肯定感というのは、小さな成功体験を積み重ねる中で育まれていくものかもしれません。

現代社会は我々に「より速く！」「より高く！」「より強く！」を求めてきます。それに惑わされ、自信を失い、無理して頑張ろうとしてしまうのもわかります。しかし、いったんそれらをスルーして、自分にとっての適量・適切・適当を見極める訓練をしてみてください。「ベストよりもジャスト」「ナンバーワンよりオンリーワン」の精神でよろしくお願いします。

FEBRUARY

お金の

2月

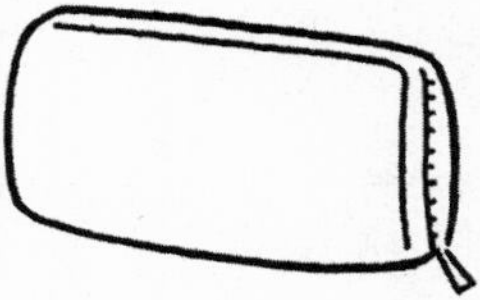

▶ バレンタイン

▶ 大学入試（による休講）

▶ 春休みスタート

FEBRUARY

賢く稼いで賢く使う！　投資と浪費の見極め方

FEB. Vol.1

いまやみんなが苦学生という時代がやってきた

突然ですが、みなさんは自分を「苦学生」だと思いますか？　お金がない、生活が苦しい、と思うことはあるでしょうか？　2月はちょうど春休みの時期で、バイトに精を出している人も多いと思います。そこで今回は、学生生活にとって欠くことのできない「お金」について考えてみましょう。

学費や生活費のために働きながら勉強する学生は、いつの時代にもいましたが、わたしが学生の頃は、クラスの中でも少数派でした。それが今では、学生のほとんどが苦学生と言っていいような状態です。短時間で効率よくお金を稼ぐため、性風俗の仕事をする学生が少なからずいることも、クローズアップされるようになってきました。

学生へのインタビューでも、バイトをしないと生活が立ちゆかないと答える人が半数以上にのぼります。お小遣い稼ぎの感覚でバイトしている人は、「自分は恵まれている」と語りますし、バイトせずともよい人に至っては「友だちに言えない」と申し訳なさそうにしている。学生なんですから、働かずに済むことは悪いことでもなんでもないのに、それがなんだかいけないことだと思えてしまうほど、バイトする生活がデフォルトになっているのです。

世界には、大学の授業料がゼロの国も、奨学金を返還しなくてよい国もあります。羨ましいですよね。学ぶことを、個人が趣味でやっていることと突き放すのではなく、いずれ国の発展に貢献してくれる頭脳・才能を育てることなんだと考えれば、むしろ国が教育にお金を投じることは、当然のように思えます。

しかし日本では、学ぶことは個人的なことであり、自己責任の範疇《はんちゅう》にあるという感覚が支配的です。ですから、貧困層は勉強する機会を逃しがちですし、どうにか学べる環境を手に入れても、バイト漬けでなかなか勉強がはかどらない、なんてことになる。わたしはよくどんなことでも正直に言ってくれたら許す、と学生に言うのですが、「今日バイトに行かないと、本当に生活費がヤバいので早退させてくれ」とか「土日はずっとバイトで宿題をやるヒマがありませんでした」とか言われることがあって、そうなるともう「学生の本分は勉強！　バイトなんか行くな！」とは言えなくなってしまいます。勉強より生活を優先せざるを得ない学生を責めることは、あまりにも酷だと思うからです。

FEB. Vol.2 心身を壊すような働き方だけはするな

できる限り学生生活をエンジョイしながらバイトもこなしたいのであれば、時給が高い仕事を探さねばなりません。時給が高いといえば、大きく分けて、家庭教師や塾講師の方面と、夜勤や肉体労働の方面がありますが、どちらを選ぶにせよ無理がたたって倒れてしまっては意味がありません。講師業はすごく神経を使うからメンタルをやられるという人もいれば、夜勤で自律神経がおかしくなったという人もいる。自分がどういうタイプの人間かをよく考えた上で、継続してやれそうな職種を選ぶようにしましょう。仲のいい大学院生にすごく時給が良いという理由で火葬場の夜勤をやっていた人がいるのですが「すぐにやめちゃった。やっぱおばけでたら怖いじゃん」と言っていました。いい歳して「おばけ」とか言っちゃうくらい怖がりなのに、なんで火葬場の夜勤を選んだんだ、無謀すぎだろ。職業選択のセンスをやしなっておくことは、いずれやってくる就職活動にも関係しますから、たかがバイトと思わず、しっかりやっておくことをオススメします。

それから、働くことを「金のために我慢すること」だと思わせるような職場は危険です。お金を頂くのだから、多少のことは耐えなくちゃ、と思っているうちに、社畜マインドが形成され、搾取されていることにすら気づかなくなってしまうのは、明らかに人生の損失。

いわゆるブラック企業は、仕事内容がひどいのはもちろんですが、そのひどさに反発しないよう社員の心をコントロールする術《すべ》に長《た》けています。わたしの教え子には、「バイト先がどう考えてもブラック企業だったんですが、辞めませんでした。粘り強く交渉を続けて、学生らしく働けるように改革したんです」という人がいましたが（すごい！）、これはかなりのレアケースだと思います。みなさんはまだ若く、それゆえ大人の狡猾《こうかつ》さに気づけないこともあるので、十分気をつけてください。テストが近いのに休ませてくれないような職場や、休むとペナルティを科してくる職場は、ブラックのさらに上をいく漆黒の闇。すぐに逃げた方がいいですよ……。

FEB. Vol.3

「投資」と「浪費」を混同してはダメ

もしもあなたが親のスネをかじれる状況にあるなら、遠慮なくそうすべきです。わたしの教え子にも、社会人になったら返済すると約束して、親から旅行代金などをじゃんじゃん借りている学生がいますが、親がＯＫしているなら後ろめたさを感じる必要はないように思います。むしろ積極的にスネをかじっていい（もちろん感謝しなくちゃいけませんが）。魔法の言葉「出世払い」ですべて乗り切っていきましょう。

やはり、なんだかんだ言って、大学生が最も大切にすべきなのは、いろんな種類の経験を積むことなんですよね。そして良質な経験は、自分の時間をしっかり確保することなしには得られない。勉強する時間、友人や恋人と過ごす時間、本や映画を楽しむ時間、旅行する時間……そうした時間を確保するには、当然ながらお金の有無も関係してきます。そして、そこにどれだけ「投資」できるかで、大学生活の充実度はかなり変わってきます。たとえば、毎晩変わりばえのしないメンツで飲み歩くような「浪費」はどうかと思いますが、自分の世界を広げてくれるような飲み会には、積極的に「投資」すべきです。

ちなみにわたしは、大学院の修士・博士課程両方で奨学金に申し込み、時給がいいバイト（家庭教師）と、将来の夢に繋がりそうなバイト（編集プロダクション）をほどほどにやりながら、親のスネも全力でかじっていました。フルコースです。修士と博士のときに背負った奨学金という名の借金は、かなりのものですが、そもそも全力で働きながら勉強もがんばる気力と体力なんて、わたしにはなかったんですから、「働かなくていい時間」を手に入れるための借金（ウン百万円）を、決して高いとは思いません……、いや、本当は高い！　すごく高いと思ってるんだけど、それはもう仕方ない！　あれは

必要な「投資」だったんだ！　悔いてはいないぞ！（涙目）

「投資」と一口に言っても、その内容はさまざま。古本屋で買った50円の本を読む投資も、何十万もかけて就職セミナーに行く投資も、投資は投資。苦学生のみなさんも、比較的裕福なみなさんも、金額の多寡は問いませんので、手に入れたお金をできるだけ「投資」に回すよう工夫してみてください。質素倹約は美徳とされていますが、学生がそれをやりすぎてしまうと、自己投資をおろそかにしているのと同じです。下手をすると、あなたの才能の芽を摘んでしまう危険性もあります。お金は確かに大事なものですが、大事なものだからこそ、溜め込むのではなく、あなたという有望株に投資するようにしましょう。

FEBRUARY

大失恋から学んだお金の本質

FEB. Vol.1

「収入が不安定」で5年半の恋にピリオド

2月はお金がテーマです。しかし、私は昔からお金にまつわるリテラシーが悲しいほど低い人間です。貯金などほとんどしたことがなく、バイト代が入ればすぐに使ってしまい、自分が信用できないからクレジットカードは使わず、30歳を過ぎてからも親のスネを度々かじってきました。そしてトミヤマさんと同じく、私も奨学金という名の借金を背負っています。

そんな人間なので、ここで何かを偉そうにアドバイスすることはできません。そこで今回は、31歳のときに経験した苦い思い出を振り返りながら、お金の大切さについて考えてみようと思います。

私は31歳のとき、「収入が不安定だから」という理由で5年半付き合った恋人にフラれました。当時、私は大学時代の友人たちと会社を立ち上げ、雑誌やウェブ媒体の制作を請け負う仕事をしていました。「起業」と言えば聞こえはいいかもしれませんが、要は自営業です。収入は景気の変動に左右され、5年後はおろか、1年後の動向すらどうなるか読めない状況でした。

そんな折に、彼女の親族が勢揃い（姉や親戚まで！）した場所に呼び出され、「ちゃんとした会社に就職して欲しい。それが無理なら結婚は厳しい」と告げられました。こいつらマジで何様だよ……という気持ちがなかったわけではありませんが、私は彼女と別れたくなかったので、一度は真剣に転職の可能性を模索しました。しかし、どう考えても無理でした。そしてそのまま別れることになり、私の自尊心はボロボロに崩壊。ガーン。立ち直るのにマジで4年くらいかかりました。

ただし、これは私が一方的な被害者という話では決してありません。同い年だった彼女はおそらく、30代に入って妊娠のリミットや具体的な将来設計を意識し、結婚するか別れるかというシビアな選択を迫られていた可能性が高い。お金の問題も、そういう中で浮上したものだと思います。でも、彼氏である私は自分のことで精一杯で、結婚に関して現実的に考えている様子が微塵《みじん》も見られない上、何度話し合いを持ちかけてもなかなか真剣に向き合おうとしてくれない。それで彼女はしびれを切らし、親族に相談をし、あの場面に至ったのではないか……。

FEB. Vol.2

お金は「価値観」や「人生観」と直結した問題

この体験は、お金というものについて真剣に考え始めるきっかけになりました。前述の通り私は金銭感覚がゆるい人間で、社会人になってからも「好きな仕事で食っていければ十分」とばかりにお金のことを後まわしにし、毎月家賃を払うと残高がゼロになる暮らしを何年も続け、住民税を滞納して延滞金を支払わされることも度々ありました。本当にお金の管理・運用ができなさすぎて、可能な限り目を背け、マジで困ったら親に頼るという有り様でした。

しかし、失恋の悲しみに打ちひしがれる日々の中で、お金に対する考え方が少しずつ変化していきました。彼女が求めていたのはおそらく「先の見通し」でした。給料は毎月いくら入ってくる。年に2回はボーナスも入る。そして5年後10年後は年収がいくらくらいになっている。そういう安定的な基盤の上に生活を築いていきたいというのが、彼女の抱く結婚のイメージだったと思います。そう考えると、あの「ちゃんとした会社に就職して欲しい」という要求も、私に対する「もっと稼げや！」という圧迫ではなく、実は結婚観のすり合わせを目指した彼女なりの提案だったのではないか……。そんな風に思えてきたわけです。

お金や仕事のことを考えるとき、私たちはつい「稼ぐこと」に焦点を当てがちです。給料はいくらなのか。今月はどのくらいお金が入るのか。おいしい仕事はないか。そんなことばかり考えてしまいます。大人たちだって、自分と他人の年収を比べて一喜一憂しています。私も原稿料のことで頭がいっぱいです。しかし、それももちろん大事なことですが、それ以上に重要なのは、「お金に関する考え方は、その人の価値観と直結している」という部分です。自分は何が欲しいのか。どう生きたいのか。何を選択し、何を捨てるのか。そういうものと直結し、ときに可視化してしまうのがお金というものの本質です。

FEB. Vol.3

「よ～く考えよ～、お金は大事だよ～♪」の心理

私の金銭感覚には改善すべきところしかありませんが、それでもやはり、お金の稼ぎ方や使い方には、私の価値観が如実に反映されていたと思います。当時の私にとって、お金よりも時間の方が圧倒的に大切でした。自分にはやりたい仕事がある。しかし、まだまだそのレベルには至っていない。そのためには、いろんな人と会い、いろんな作品と触れ合うための時間が必要でした。そういう生活を続けられるだけのお金があれば十分で、稼ぐためだけに時間を使いたくなかった。だから貧乏でも苦しくなかったし、お金のこともあまり考えずに後まわしにできた。それが当時の私が持っていた価値観や人

生観だったと思います。

こうやって考えた結果、どうあがいても彼女とは結婚できなかっただろうと納得しました。あの親族会議から伝わってきたのは、「夫が稼ぎ、妻が家を支える」「そして家を買い、子をもうけ……」という結婚観でした。それに対し、私の抱く結婚のイメージはあくまで「個人」を基盤にしたものでした。それぞれが自分の思い描く人生を送るため、対等なパートナーとして協力していく。互いは独立した存在で、自分の生活に必要なお金は自分で稼ぐ……。

つくづく正反対の結婚観だったと思います。ある程度のすり合わせはできたかもしれませんが、仮に私が金銭感覚を見つめ直し、お金の管理能力・運用能力を磨いたとしても、結局のところ、このズレを埋めることは不可能だったでしょう。

私はその後、会社を辞め、独立しました。フリーランスの仕事は基本的に「ワンオペ」なので、社長に丸投げしていたお金の管理もすべて自分でやることになりました。文章を書く作業は時間と労力が際限なくかかるため、経理作業が後まわしになりがちです。請求書が遅れることもしばしばだし、確定申告を3年分ためてしまったこともあります。また、なかなか稼ぐことも難しく、1年間ほぼ休みなしで働いても平均的な会社員の年収に届いたら御の字かなくらいのラインです（ブラック自営業！）。これ以上を望むなら、単価の高い広告仕事や、ベストセラーを連発して印税収入を増やすしかないというのが現状です。

しかし自分としては、好きな仕事をし、人に会う時間や、気軽に出かけられる自由を確保し、読書や観劇に使えるお金が得られ、なおかつ少しずつでも蓄えや将来への投資ができるような人生がひとつの理想なので、今の暮らしに大きな不満はありません。

そうやってお金と人生の問題をちゃんとつなげて考えられるようになった結果、「もっと稼がなきゃ……」「もっと貯《た》めなきゃ……」という無用な焦りは消え、おまけに価値観が近しい人と結婚することまでできました。

かつて流行《はや》ったＣＭじゃないですが、「よ～く考えよ～、お金は大事だよ～♪」と、つくづく思います。それは「もっと稼げ！」「ムダ遣いするな！」ということではなく、「お金を何にどう使いたいのか」「そのために何でどう稼ぐか」をよくよく考えようという意味です。日本はこの先、劇的に好景気になるようなことはおそらくないでしょう（それどころか年々シビアな状況になっていますよね……）。格差や貧困の対策は政治・経済が積極的に取り組むべき問題ですが、私たちは差し当たってこの社会で生きていくしかありません。そのためにも、大学１年の今からお金に対する考えを養っておくことは決してムダにはならないと思います（暗い話になってしまってマジごめん）。

MARCH

旅立ちの
3月

▶ 成績発表
▶ 進級・留年の決定
▶ サークル・ゼミの追い出しコンパ

MARCH

失敗上等！　何度でも仕切り直そう

MAR. Vol.1

大学教員にとって一番大事な仕事とは？

これまで清田さんと一緒に大学1年生の歩き方について考えてきましたが、とうとう3月になってしまいました。大学1年生ももうすぐ終わりますね。「1年間お疲れ様！　引き続きたのしいキャンパスライフを！」と明るく送り出したいところなのですが、最後の月だからこそ、ちょっと重い話をさせてください。

数年前、ある大学教員から、「わたしたちにとって一番大事な仕事は、研究でも教育でもなく、学生を死なせないことだ」という話を聞きました。

大学は研究機関であり、大学教員は研究者ですから、研究が大事なのは当たり前。そして、研究を教育という形で学生のみなさんに還元することも、もちろん大事です。しかし、学生の心のケアも、教員の重要な業務になりつつあります。学生のメンタルなんてほったらかしだったわたしの学生時代には考えられないくらい、今はフォローが手厚い。高校までの「担任の先生と生徒」みたいな関係性を作って、ホームルーム等をこまめにやり、学生のちょっとした変化を見逃さないようにしている大学もあります。

というのも、大学に馴染めないことで引きこもり状態になり、そのまま退学したり、ひどい場合は死を考えてしまうような学生がいるからです。そうした学生には「正しさ」を重視する真面目なタイプが多く、彼らは「適当にやり過ごす」ことがとても苦手です。そのため、理想のキャンパスライフが手に入らないとわかった途端、それを取り返しのつかない「失敗」だと思い込み、自分を責めてしまうのです。

また「親の期待に応えたい」と思うあまり、辛さ苦しさを吐き出せない学生もいます。心身共にしんどくて、しばらく大学を休みたいけれど、親に理解してもらえそうにない、といった悩みを、わたしもよく聞きます。親をガッカリさせたくないと考える「家族思いの良い子」ほど、ストレスを溜め込み、心のバランスを崩してしまう。これもよくあるケースです。

MAR. Vol.2

何度でも仕切り直せる場所、それが大学

レールを外れずに生きることだけを正解とする考え方は、自分の心を硬直化させる非

常に危険なものです。もちろん、真面目な人が報われることはいいことですし、正しいことです。でも、不真面目でも、正しくなくても、それなりに生きていけるのが、人生なんじゃないかと思います。授業に全然出てこないくせにテストでいい点をとる学生とか、グループワークではまるで役に立たないのに、飲み会の仕切りだけはやたらとうまい学生が、もしも大学から消えてしまったら、そこはもう正しさによって支配された地獄でしかありません。清田さんが「関節がガチガチに固い人」を例に、衝撃を吸収するクッション的なものがないのは危険だ、と指摘していましたが、ダメな学生、ちゃらんぽらんな学生というのは、まさに大学を豊かな空間にするための、クッションみたいなものなのです。メンタルが弱い学生だってそう。いていいどころか、いてくれなきゃ困る存在です。

わたしは大学を多様性について学ぶ場だと思っています。「人と同じじゃなくてもなんとかなる」ということを、4年間かけてリアルに体感することが、とても大事だと思うのです。学問に触れたいと思う気持ちがほんの少しでもあれば、優等生じゃなかろうが、ぼっちだろうが、留年していようが、構わない。どんなヤツがどんな風に学ぼうと自由。それが大学のあるべき姿だと思います。

この本は「なんでも要領よくこなせるキラキラ学生は相手にしない」というコンセプトで書かれています。わたしたちがこの本を届けたいのは、自分に自信がなく、1年生の終わりになってもまだ「大学に馴染めない」とか「大学デビューに失敗した」とか思ってクヨクヨしているタイプの人。グーグルの検索窓に「大学　つまらない」とか入れてこっそり仲間を探しているような人にこそ、この本を読んでもらいたいのです。

繊細であるがゆえに、いろんなことに傷つき、落ち込んでしまう学生に言いたいのは、「大学生活って何度でも仕切り直せるものなんだよ！」ということ。自分を好きになれないならキャラ変してもいいし、授業がつまらないなら転部してもいいし、大学自体を好きになれないなら、卒業することだけを目標に、ほとんどの時間を学外で過ごしたっていい（じっくり考えた上でなら退学することだってアリかもしれない）。自分はこういう人間だと決めつける必要もなければ、大学生はこうあるべしと型に嵌める必要もありません。むしろ、どんどん変わっていけばいいし、もっと自由でいい。自分に一貫性がないことを、あまり恥じないでください。

MAR. Vol.3

いつまでも新品みたいな人生はない

なぜわたしが「みんなもっと自由でいい」と言うのか……。それは、忘れることのできないある出来事が理由です。大学卒業直後のことなのですが、１年生のときからずっと仲の良かった友だちが、突然みんなの前から姿を消してしまったのです。仕事がうまくいかなかったのかもしれないし、大失恋をしたのかもしれない。あるいは家庭の事情があったのかも……。

その人はイケメンで、勉強もできたし、人柄も最高で、みんなの人気者でした。そんな彼が消えたのは、なんらかの理由でこれまで築き上げてきたキャラが崩壊するのを恐れてのことだったのではないか、でもそれは、若さゆえの恐れであって、30歳を過ぎた頃には、きっと笑って再会できるだろう。――と、当時のわたしはかなり楽観的に考えていました。しかし彼は、いまだにみんなの前に出てこようとはしません。彼の学生生活はあんな終わり方でよかったのだろうか、あのとき自分が彼の話をもっとちゃんと聞けていたら何か変わっていただろうか……そんなことを考えると、いまだに胸が苦しくなります。

失敗することや、挫折することを完全に避けられる人間はいません。用心したって失敗するのが人生です。正しくあろうと思っても間違ってしまうのが人間です。だから、失敗におびえているひまがあったら、失敗しても立ち直るための技術を磨いた方がよっぽどいい。ほら、スキーやスノボって最初に転び方を習うじゃないですか。安全な転び方を練習しないと、滑り方の練習に移れないじゃないですか。

それと同じで、本書も大学生活での転び方をちゃんと知った上で、歩き方を学ぶという本にしたかったのです。そうしたら「転んではいけない」なんて思わなくなりますから。というか、なんだったら、転んだまんま匍匐《ほふく》前進したっていいんですよ。ほんとに、それぐらいでいいんです。だって、大学からしたら、匍匐前進してる人を受け入れることぐらい、余裕なんですから。

　ダメなまま、弱いままでもどうにか大学でやっていくための技術を12か月にわけて、ちょっとずつ伝えてきたつもりです。どんなに傷ついていても、死を考えずに済むように、そう祈るような気持ちで書いてきたつもりです。

　いつまでも新品みたいな人生はないのですから、使い込むほどに味が出る、ヴィンテージのような人生を目指すべきです。染みがついてたりどこかが欠けていることをオリジナリティだと思う気持ちが、何より大事。ピカピカの大学1年生にはちょっと想像がつかないかもしれないけれど、いつかきっとこの言葉の意味がわかる日がくる。そう信じています。

MARCH 大学の包容力をナメるな！

MAR. Vol.1 本当に散々だった私の大学デビュー

　この社会には「一年の終わり」が2回あって、それは12月と3月です。長かった冬を抜け、桜の枝を見れば開花寸前の芽がぶくぶくに太っている。春はすぐそこです。3月って、何かの終わりと何かの始まりが混在したような不思議な季節ですよね。

　大学とは基本的に放任主義の場所であり、誰も何も言ってくれない。そういう環境では、閉じた人間関係の中に引きこもったり、マニュアルを提供してくれる何かに飛びつきたくなったりするのも仕方ない。しかし、「自分と向き合う時間がたっぷりある」というのが大学生の特権であり、恐れずトライアンドエラーを繰り返してみよう！（もちろん上手なリスクヘッジも忘れずに）

……というようなメッセージを我々はここでみなさんに送ってきたつもりです。学部生・院生・教員と、長年大学に通い続けるトミヤマさんは、その豊富なキャンパス経験を背景に、ときに厳しく、ときに優しい助言をつづってくれました。私も学生時代に経験した苦悩や、桃山商事の活動を通じて考えてきたことをもとに、頑張って大学１年生の歩き方を考えてみました。手前味噌《てまえみそ》で恐縮ですが、地味ながらもなかなか実用的なアドバイスになっているのではないかと思います。

振り返ると、私の大学デビューは本当に散々なものでした。中高一貫の男子校に通い、大学受験に失敗。そして浪人時代は毎日朝６時から夜12時まで必死に勉強し、念願の志望校にめでたく入学。ここから華やかなキャンパスライフが始まるかと思いきや、待っていたのは敗北感と焦燥感に駆られまくる日々でした。授業にマジでついていけない、クラスは女子ばかりで何をしゃべっていいかわからない、知らない人が怖くて新歓コンパに参加できない、だからどのサークルにも入れない、友だちが全然できない、金がない、やることがない、コネもセンスも才能もない、ヤバい、俺にはマジで何にもない……。そして５月の誕生日に、高校時代から２年間付き合ってきた恋人にフラれました。

MAR. Vol.2

圧倒的に「doing」重視の現代社会

しかし、大学はとにかく「包容力」のハンパない場所でした。スタートダッシュにつまずいてふて腐れてる私になど一切の関心も示さず、図書館で一日中スヤスヤ寝てても、ベンチでずっとマンガを読んでても、食堂で友だちとだらだらしゃべってても、一向にお構いなし。こんなことが許されるのって、実は人生の中で大学だけなんじゃないかと思います。

中学や高校だと先生に叱られるし、実家じゃ親に心配されるし、会社だったら即行クビになるでしょう。しかし大学だけは、私たちのことを子ども扱いも大人扱いもせず、「いること」をただただ許してくれる。こんな場所、よく考えたら大学以外になかなか見当たりません。私は現在フリーランスの文筆業者ですが、一日中デスクで居眠りしようものなら激しい自責の念に襲われるし、カフェでのんびり過ごそうと思っても店員さんにそれとなくプレッシャーをかけられます。ああ、何も問わず存在を許容してくれた大学の包容力が恋しい……。

唐突で恐縮ですが、英語で人間を表すと「human being」になります。「being」というのは、つまり存在のこと。ここにいて、何かを感じながら生きている。そういう人間の在り方を「human being」と言います。実は人間を表す英語にはもう一種類あって、それは「human doing」という言葉です。「doing」とは行為のことで、何かを行い、その結果として得たものの総体として人間を捉える言葉が「human doing」です。

いきなり何だって話ですが、私はこのふたつの区別がものすごく重要だと考えていて、なぜなら現代社会は圧倒的に「doing」重視だからです。何をするのか、何ができるのか、何を持っているのか。この社会は、そういう眼差《まなざ》しで私たちの価値を計ろうとしてきます。成績、偏差値、キャラ、属性、収入、フォロワー数、経験人数……そういったものに囚われてしまうのは、ひとえに「doing」を重視する人間観によるものです。

また、今の大学は〝就職予備校〟とも呼ばれ、「社会人に求められる能力を大学生のうちから身につけておき、即戦力の人材になってなるべくいい企業に就職しよう！」という風潮がかつてないくらい強まっています。これも「doing」重視の延長線上にある考えです。

そういう環境で生きていると、「being」としての自分を肯定できず、何かしなきゃ！　人脈広げなきゃ！　コミュ力上げなきゃ！　英語勉強しなきゃ！　フォロワー増やさなきゃ！　セルフブランディングしなきゃ！　などと焦燥感を募らせるハメになります（さらに、「朝の時間を有効活用しましょう」とか「年間２００冊本を読みましょう」とか、この風潮を煽《あお》る自己啓発系のコンテンツが本当に多い！）。

そんな中、自分と他者を比較しまくってコンプレックスを募らせたり、一回の失敗を「致命傷」と捉え、だらだら過ごすことやくよくよ悩むことを「時間の無駄」と考えてしまう感性が育っていくのも、無理はない話だと思います。

MAR. Vol.3

大学はトライアンドエラーにもってこいの環境

みなさんが「doing」に囚われてしまうのは痛いほどわかります。受験型モデルにすがり、比較地獄に陥っていた私も、そんな人間のひとりです。でも、これは構造的に仕掛けられたワナです。よく考えたら、「doing」だけで価値を計られる社会なんてしんどすぎますよね。まずもって「being」としての自分、そこに自分が存在することを肯定してもらえないことには、不安でアクションなんて起こせません。もちろん「doing」はとても大事なものですが、それを重視するあまり「being」が軽視されるような風潮は、絶対におかしい。

あの頃、大学は私にただ「いること」を許してくれました。言い換えればこれは「being」の肯定です。そうやって優しく放置してもらえたことで私は大学1年生という不安の時代を生き抜くことができたし、それによって今の仕事につながるような仲間や活動に出会うことができたし、社会人になった今も、当時の試行錯誤の経験が何かと役立っています。

学生時代、親や周囲の大人たちから「勉強できるのは今のうちだけ。だから一生懸命やれ」と耳にタコができるくらい言われました。そのときは「うるせえな」くらいにしか思っていませんでしたが、この言葉はそれなりに真理を突いています。もちろん何歳になってからでも勉強はできると思いますが、大人になってからだと勉強だけに集中できる環境が手に入りづらいというのもまた事実。「素材と環境だけ与えてやるからあとはお前の好きなようにやれ」「困ったら言え。少しは手を貸してやるから」という大学のスタンスは、トライアンドエラーを繰り返すには本当に理想的な環境です。そういう場所にいることを、ぜひ意識してみてください。

人生は思いのほか長いし、意外に「何でもあり」の世界です。社会が提供するインフラやシステムを適当に活用しながら、自分なりに生きていくしかない。就職したって結婚したってフォロワーが増えたって、「人生これで安泰！」となるわけではありません。この先の人生も延々とトライアンドエラーが続くので、今のうちからバンバン失敗して、自分なりの上手な転び方と起き上がり方を模索してみてください。大丈夫、絶対に何とかなるから！　私もまだまだ失敗の連続ですが、右往左往しながらみなさんと一緒に歩んでいけたらと思います！

Takayuki Kiyota

あとがき

大学の4年間で何を学び、どう行動すべきか書いた本は山のようにあるのに、どういうわけか、最も不安な1年目に特化した本はない。——その事実に驚き、なにかわたしたちにできることがあるはずだという思いでこの本を作りました。長く読まれる本にしたいと願っていましたから、文庫化のお話をもらった時は本当にうれしかったです。出版してみてわかったのは、大学生だけでなく、新しい世界に飛び込んでいく大人の読者にも共感してもらえたということ。感謝の念に堪えません。

大学に入ると、これまでとは比べものにならないくらい世界が広がります。その世界をできるだけ楽しく歩いていけるよう、ふたりの著者がときに己の黒歴史を晒《さら》しながら、ありったけの情報を詰め込みました。文庫化にあたり、情報のアップデートをしたり、一部改稿をしたりしましたが、伝えたいことの根幹は変わっていません。

読者の中に新入生の保護者がいるかもしれないので書いておくのですが、多くの学生が、保護者の束縛から自由になりたいと願う一方で、本当に辛いときは何も言わずとも察してほしいと思っています。放置されたいけど、寄り添ってもほしい。本書を通じて、彼らが抱える複雑な思いを知っていただけたらうれしいです。

そして、インタビューに応じてくれた学生のみなさん、本当にありがとうございました。みなさんのリアルな声のおかげでより説得力のある本になったことは、感謝してもしきれません。

本書がこれからも大学1年生にとってのよき「転ばぬ先の杖《つえ》」となることを、心から祈っています。

AFTER TALK

文庫版アフタートーク
〝隠れ不器用〟なあなたに贈る30タイトル

清田　この本の単行本版が刊行されたのが２０１７年の春で、そこから６年の月日が経ち、社会ではコロナ禍を始め様々な変化がありました。もちろん変わらない部分も多いと思うけど、今の大学生は当時とまた違った状況を生きているのではないか……。このアフタートークでは、現在の大学生が置かれている状況について語らいつつ、いくつかのテーマに沿ってオススメの本やマンガを紹介していけたらなと。

トミヤマ（以下トミ）　あれから６年ですか。あっという間だなあ。変化と言えば、清田くんが大学で働くようになり、教員としての目線を新たに獲得したのは、この本にとってすごく良いことだと感じてます。

清田　たまたま縁あって美大で非常勤講師をやることになり、今年で３年目になるんだけど、教員として関わらせてもらうようになって改めて驚いたのが「大学生、まじで多忙だな！」ということで。今の学生は授業を休まないとか、バイトも忙しいとか、そういう話はトミヤマさんからも聞いていたけど、課題に追われ、チェックすべき情報が膨大にあり、各種コミュニケーションツールで多元的な人間関係をマネジメントし、自分磨きや推し活にも精力的に取り組んでいる。ジェンダーや気候変動といった問題にも意識的だし、SNSなどを通じて世の中の動きも敏感にキャッチしていて……本当に頼もしいなって思う反面、社会からあまりに多くのノルマやto doを課せられているようにも映り、ちょっと心配になってしまう部分も正直あって。

トミ　その懸念はすごくわかる。あえてこういう言い方をしますけど、今の学生にはいわゆる〝良い子〟がとても多いんですね。基本的にすごく真面目だし、しんどい思いや理不尽を感じたとしても、我慢して耐えて、自分でなんとかしようとしてしまう。本当なら親や学校、あるいは社会に対して怒っていい場面でも、異議申し立てをするより「うまく収めよう」という発想になる。〝良い子〟であるがゆえに立ち回りがうますぎて心配だなというのは、わたしも思っているところです。

清田　自治体主催のジェンダー講座みたいな場で大学生と関わる機会も増えてきたんだけど、そこで何度か「社会に対して疑問を持つという発想がなかった」って感想をもらったことがあるのね。社会問題に一定の関心を持ってはいるけれど、それが自分自身と接続されていないというか……怒りや憤りのニュアンスが薄いように感じる。

トミ　疑問を抱くなんて反抗的でよくないと思うのか、疑問を持つこと自体を回避しようとする学生が増えてるような気がしますね。それから〝隠れ不器用〟と言えばいいのか、表向きはうまくやっているんだけど、求められるものに適応しすぎて疲弊したり、実は摩擦やトラブルが苦手で一度つまずいてしまうとうまく起き上がれない人も一定数いる。大学では、そういう学生を教職員が見つけていく必要があるんですけど、ぱっと見ではわからないケースもあり、苦労しますね。この本はもともと不器用な学生のために作ったものでしたけど、隠れ不器用な人にも届くといいなと思います。

清田　俺が大学で担当しているのは言葉について考える授業なんだけど、そこでは感情や思考の「言語化」をメインテーマにしているのね。つまり「感じたことや考えたことをできるだけしっくりくる言葉で捉えられるようになりましょう」という内容なんだけど、感情や思考というのは自分の中に発生するものだから、最初に「正解は自分の内側にある」ってことを伝えると、結構な割合でびっくりされるのよ。

トミ　なるほど。学校教育ではたいてい「正解とは自分の外側にあるものだ」と教えられるからね。

清田　そうそう。答えというのは外側に存在していて、最短距離でそこにたどり着く方法を学ぶのが勉強だって感覚がインストールされてしまっているから、「自分が感じたことや考えたことがまず先にあって、それを後から言葉で追いかけ、言い表すとしたらどんな言葉になるかという順序で考えましょう」と言っても、なかなかピンとこないみたいで。自分の考えを発言しても、「これで合ってますか？」と気にしたり……。

トミ　「正解が自分の中にあるはずなんてない」という思いから自信なさげな反応になってしまうんだろうね。良い子ほど忖度《そんたく》して、自分の考えを言わずに済む方法を探ってしまうのかも。それで思い出したけど、今って学生に自己紹介をしてもらうと、「マンガが好きです」とか「ゲームが趣味です」とか、抽象的なことしか言わないケースが多いんですよ。具体的な作品名や作家名を出さないのは、ひょっとしたらそれを嫌いな人がいるかもしれないという気遣いからみたいで。すごく優しいけど、その人の特徴が非常につかみにくくなってしまって、自己紹介としてはうまくいっていない。これも自分の考えを言わないこととつながっているよね。

清田　まずはふんわりした言葉で様子を見るという、正解を探るための工夫なのかな。

トミ　常に気持ちが「アウェイ」なんだろうなあ。「ここはホームじゃない」と思うからこそ、そこに漂う空気を探り、少しずつチューニングしていくというか。別の言い方をすると、いきなり核心を突かれることに慣れてないので、わたしが課題を講評するときなんかも、ズバッとダメ出しするとすごく傷ついてしまうのはもちろん、急に褒めたり期待したりするのも重く感じちゃうみたいで……傷つけないようにしつつ、でも伸ばせるところは伸ばしたいんだけど、そのバランスをどうするかが教員としては非常に難しくて。

清田　そう考えるとさ、この本では「トライアンドエラーし放題なのが大学生の特権!」「今のうちバンバン失敗しておこう!」みたいなことを繰り返し言ってきたけど、「転ぶなんて怖すぎる!」とか、「失敗なんかしてる余裕ないよ!」とか、そういう切実な感覚があるわけだよね。そして背景には、そういう状況を作り出している社会構造が存在しているという……。

トミ　本当にそうですね。大きく言えば国の方針ということになると思うけど、画一的な良い子たちを量産するような教育なんですよ。どの子も個性を出さないようにしているわけで、クラスがでこぼこしてないし、疑問をぶつけてくる子もそんなにいない。教員にとっては、すごくコントロールしやすい状況なんですよね。わたしは美大の教員ということもあって「でこぼこしててなんぼ」という感覚なので、ミスしてもいいですよ、間違えてもいいですよ、失敗する練習だと思ってください、みたいなことを、結構しつこく言ってます。そうしないと、心のロックが外れないので。そこまで言って、ようやく「ここは失敗していい場所なんだな」「頑張って失敗してみよう」みたいになっていくという。

清田　政治や教育の問題もあるし、あと市場やメディアの影響も大きいよね。冒頭で挙げた忙しすぎる問題、タスクが多すぎる問題の背景には、様々なサービスが人々の可処分時間をめぐって熾烈な奪い合いを繰り広げていることや、メディアやインフルエンサーが若者の不安を煽って「あれやっとけ」「これもやっとけ」と押し付けていることなんかが絶対に関係しているはずで。

トミ　さっき清田くんが多元的なコミュニケーションツールの話をしてたけど、今の学生はソシャゲ（ソーシャルゲーム）で互いの生存確認なんかもしているらしく、先生びっくりでした（笑）。欠席が続いた学生の安否を聞いたら、「ソシャゲでは昨日ログインしてました」みたいな。まあ、それは単純にすごいなって話だけど、ツールも情報も過多で、有用なものもあるけど同時にノイズも多く、その取捨選択ができずキャパシティの限界ギリギリで暮らしてる学生がたくさんいる。そういう中では、転んで得るものがあるだなんて信じる気になれないだろうし、最初から転ばない方法を選ぼうとするのも無理はないと思う。

清田　余裕もバッファもないからつまずけないし、「効率的な攻略法」とか「失敗しない方法」みたいな〝先回りビジネス〟に取り込まれてしまう。

トミ　そうですね。そこをいかにほぐせるかっていう。余白や隙間のないガチガチな感じになってしまうのは仕方ないし、隠れ不器用になるのも、決してあなたたちのせいじゃないよということは伝えていきたいですね。

他者と関わる

清田　そんな中で、大学生にぜひ読んでもらいたい本やマンガを紹介していけたらと思いますが、最初のテーマは「他者と関わる」、つまりコミュニケーションの問題です。さなんと言ってもコロナ禍で人と接する時間や機会がかなり減ってしまっただろうし、さつきも話に出た、傷つきたくない、傷つけたくない、人の時間を奪ってはならないという、コミュニケーションで気を遣いすぎてしまう問題もある。

トミ　今の大学生って、キャンパスライフとコロナ禍が重なっている人ばかりなので、「なかなかつながりが持てなかった」「友達が少ない」なんて言っているのをよく耳にします。オンライン授業でもグループワークみたいなことはできるし、実際しているんだけど、そこで関係を深めるのはなかなか難しかったりする。少しずつ対面の授業が復活してきているこのタイミングで、今一度「他者と関わる」について考えるのは大事なことだなって思います。

清田　そこでオススメしたいのが、臨床心理士・東畑開人《とうはたかいと》さんの『聞く技術　聞いてもらう技術』です。この本がおもしろいのは「聞く」と「聴く」を分けて考えていくところで、前者は〈語られていることを言葉通りに受け止めること〉で、後者は〈語られていることの裏にある気持ちに触れること〉と説明されている。一見「聴く」のほうが大事っぽいんだけど、タイトル通りこの本が主題にしているのは「聞く」のほうで、それは日常において「聞く」が疎《おろそ》かにされがちだからだと。

トミ　確かに、相手の話に耳を傾けていたとしても、わかった気になったり、勝手に解釈しちゃったり、語られていない情報まで読み込んでしまったり、そういうことってよく起こるような気がする。

清田　さらに興味深いのは、相手の話をちゃんと聞けていないときは、自分の話を聞いてもらえていないことが背景にあると指摘している点で。だから「聞いてもらう」から始めようとこの本は訴えていて、そのための技術——たとえば「隣の席に座ろう」とか「ZOOMで最後まで残ろう」とか、「ワケありげな顔をしよう」とか「遅刻して、締切を破ろう」とか、そういう具体的な方法が紹介されている。

トミ　なるほど、雑談が発生する状況とか、「どうしたの?」って言われるシチュエーションをうまく作り出す技術ってことだよね。

清田　そうそう。大学の授業や自治体のジェ

BOOK

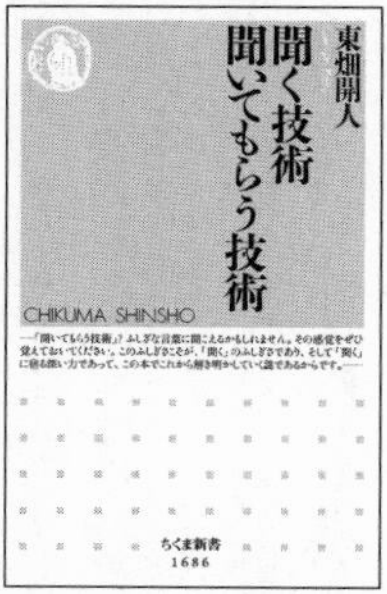

『聞く技術 聞いてもらう技術』
東畑開人、ちくま新書

ンダー講座でグループワークをよくやるんだけど、そこでは「聞く」を重視しましょうという前提を共有しているのね。遠慮なく自分の話をして、それを誰かに受け止めてもらう感覚を味わってもらえたらという思いでやってるんだけど、すごく評判がよくて、語り合いに飢えていることを実感する。この流れでもうひとつ紹介したいのが、田房永子《たぶさえいこ》さんの『人間関係のモヤモヤは3日で片付く』というマンガ。これは嫌いな人や苦手な人との関係をどうするかについて考えていく一冊なんだけど、ここでは規範や常識など自分を縛っているものを〈社会的価値観〉、感情や身体反応など否定しがたく存在してしまうものを〈生理現象〉と呼び、そこに線を引いていくのがユニークなところで。

トミ　頭で考えていることと心で感じていることを分けて考えてみましょう、と。

清田　モヤモヤしてるときってつい「あの人はおかしい」とか「○○すべきなのに」みたいな、他者や常識を主語にした考えに囚われてしまうけど、大事なのは自分が何をどう感じているのかを把握することで、怖いとかつらいとか腹立たしいとか、自分の感情を自分で抱きしめてあげましょうというメッセージがすごく優しく感じる。

トミ　人と関わるときって「みんな仲良く」みたいな呪いが強くなりがちだけど、嫌なら嫌でいいわけだもんね。自分の感情や生理的な感覚を大事にすることで、「この人のことは苦手だけど、教室では上手に距離を取りつつ適度な関係を築く」みたいなことも可能になってくる気がします。このテーマでわたしが紹介したいのは、矢部太郎《やべたろう》さんのマンガ『大家さんと僕』です。矢部さんはお笑い芸人だから芸能界に知人友人がたくさんいるだろうし、大家さんと仲良くなるなんて考えたこともなかったと思うけど、素敵な出会いは意外なところにあるということを教えてくれる作品で。大学生は人間関係の立ち上がる場がまだ限定的で、学校・バイト先・家庭くらいしかない上に、大学では「クラスで友達を作らなきゃ」「サークルでうまくやらなきゃ」みたいについ考えてしまうじゃないですか。

清田　視野が狭くなって、「このコミュニティで失敗したら終わりだ」みたいに考えてしまったり。俺も1年生のときは完全にそんな感じだった……。

トミ　逆にまわりをバカにしてイキり倒してる学生も見かけるけど、あれも根っこにあるのは居場所の問題だと思う。でも、視野を広げれば第三の場所ってたくさんあるんだよね。今いるところでうまくやれなかったとしても、自分が楽でいられる場所、自分を

COMIC

『人間関係のモヤモヤは
3日で片付く』
田房永子、竹書房

COMIC

『大家さんと僕』
矢部太郎、新潮社

受け入れてもらえる場所が、もしかしたら大学以外のところで見つかるかもしれないってことを伝えられたらいいなと思ってます。

心のメンテナンス

清田　3月の章でトミヤマさんもメンタルケアの話に触れていたけど、「心のメンテナンス」というのは大学生にとっても近年ますます重要な問題になっているように思います。このテーマで紹介したいのが『コジコジ』（さくらももこ）と『女の園の星』（和山《わやま》やま）という2冊のマンガです。

トミ　どちらもジャンル的には笑える作品になると思うけど、これはどういう……？

COMIC

『コジコジ』
さくらももこ、集英社

COMIC

『女の園の星』
和山やま、祥伝社

清田　『コジコジ』は個性的でクセの強いキャラたちが織りなすヘンテコな世界を描いた作品で、『女の園の星』は女子校を舞台にしたシュールなギャグマンガって感じで、中にはわけのわからないものもあったりするんだけど、これらを「心のメンテナンス」として選んだのは、どちらも〝生理的なおかしさ〟を描いた作品だと感じるからで。

トミ　犬に眉毛が描いてあるのがおかしかったりとかね。言葉で説明してもまったく伝わらないと思いますけど（笑）。

清田　心が苦しくなってるときって、「こうあるべき」みたいな規範に縛られていたり、まわりから笑われてるように感じたり、「お前はダメなやつだ」みたいに自分で自分に厳しくしちゃってたりすると思うのね。そういうときに、なんだかよくわからないけど身体がクスッと反応しちゃうおかしさというか、俺が3月の章で紹介した「being」の部分をくすぐってくれるような作品に触れると、心をほぐしてもらえるというか、緊張や不安がやわらぐんじゃないかって思いがあって、この2冊をオススメしました。悩みごとを論理的に解析し、具体的な解決策を探るセラピー的なアプローチも大事だけど、お湯につかって身体を緩めるような、セルフケア的なアプローチも同じくらい「心のメンテナンス」には大事なのではないかと思ってます。

トミ　めちゃくちゃわかる。わたしも和山さんの作品を紹介するとき、いつも「いい湯加減のマンガ」って言うんですよ。いい湯加減だなと思うときって、別に何も考えてないじゃないですか。ずっとお湯につかっていられて、とにかく心地いいみたいな。それで言うと、サウナブームの火つけ役として知られるタナカカツキさんがエッセイとイラストでつづった『サ道　心と体が「ととのう」サウナの心得』もオススメ。人間には心と身体があって、身体のほうにアプローチすることで心がホッとするってことが実際にあるんだとわかります。ブームに乗っかるようであれなんですけれども、実際にいいんですよ、サウナって。

清田　最近は「交互浴で整えて仕事のパフォーマンスを上げよう!」みたいな文脈でサウナを推奨する向きもあるけれど、タナカカツキさんが描くサウナの世界は「心地いい」とか「ホッとする」とか、シンプルな実感が伝わってきて、ああ……気持ちよさそうって、読むとサウナに行きたくなるのがいいよね。

トミ　そうなんですよ。カツキさんは最初からサウナマニアってわけじゃないから、「サウナって暑いだけじゃん」とか「水風呂に入るなんて嫌だ」みたいに思ってる人の気持ちも理解しているし、交互浴で整うようになった後も、がんばりすぎて具合が悪くなった経験を正直に描いていて。それが等身大って感じで、すごくいいんですよね。あと、サウナってスマホとか持ち込めないし、テレビがついていても別に観《み》たい番組ってわけでもないし、ほとんどすることがないじゃないですか。現代人にとって何もできない時間と空間って結構レアで、それを強制的に作れるのがサウナや銭湯なんだと思うんですよ。情報やノイズまみれの大学生にこそオススメしたいですね。

清田　マッチョでも自己啓発的でもないサウナのススメ、マジ大事。

トミ　もう一冊、ライター・餅井《もちい》アンナさんのエッセイ『へんしん不要』も紹介させてください。アンナさんはわたしの教え子なんですが、学生時代からずっと虚弱体質。おまけに心の調子も崩しがちなんですが、そんな日常を驚くほど素直につづっています。彼女なりに工夫して健康になっていく話であったり、あるいは不健康の自分をそのまま抱きしめる話であったり、不健康だからずっと不幸っていうわけでもなくて、どっこい生きてる感がある。虚弱な人が虚弱なまま幸せに生きていくための話がたくさん載っていて、まさに「心のメンテナンス」だなって。

BOOK

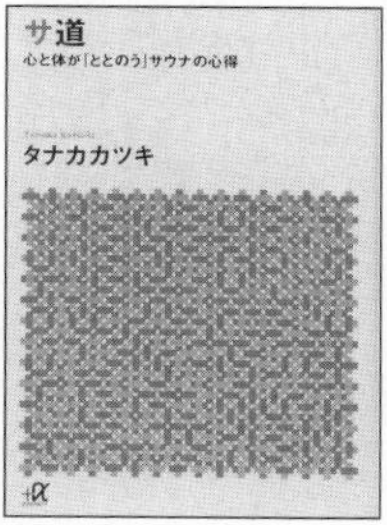

『サ道　心と体が「ととのう」サウナの心得』
タナカカツキ、講談社＋α文庫

BOOK

『へんしん不要』
餅井アンナ、タバブックス

恋愛・推し・結婚

トミ　次は「恋愛・推し・結婚」というテーマでオススメ本を紹介していけたらと思いますが、学生たちを見ていると、近年ますます恋愛の価値が下がっているように見えるんですね。一方で推しの存在感は増すばかりで、むしろ優先順位は逆転してるんじゃないかとも。そのあたり、恋バナ収集活動を続けている清田くんはどう感じてます？

清田　まったく同感です。冒頭で今の大学生はとても忙しく、余裕もバッファもまるでないという話が出たけど、そういう中にあって恋愛みたいな先の読めない、コミットしたところでリターンがあるかもよくわからない、おまけにズドーンとメンタルが落ち込むかもしれないようなものを、生活の中に持ち込むこと自体がハードルの高い行為になっている感じがする。

トミ　恋愛ってとてもエネルギーを使う行為だから、穏やかな気持ちでいられないことがしんどいって教え子たちも言ってますね。恋愛は滅びろとまでは思ってないし、やりたい人はどうぞって感じなんだけど、したくない人は別にしなくてもいい世の中になったらいいなって。

清田　確かにそうだよね。恋愛観のあり方もセクシュアリティも多様だよねという認識が広まり、異性愛中心の、ロマンティック・ラブ・イデオロギー的なものだけを恋愛と位置づける価値観はさすがに薄まりつつあるけど、そういう状況下で恋愛や推し、結婚のことをどう考えていけばいいのか。そこでトミヤマさんが挙げてくれたのが、『マンガでわかるＬＧＢＴＱ＋』（パレットーク：著、ケイカ：マンガ）。

トミ　「ＬＧＢＴＱ＋」とは何か、カミングアウトされたときにどうすればいいのか、何がハラスメントになるのか、みんながより快適に過ごせる環境はどうやったら作れるのか——など、ケーススタディが豊富に紹介されていて、とにかくわかりやすく学べる一冊です。書き込みシートなんかも入っていて、こういうとき自分ならどうするか、どう考えるかってことを、事例と向き合いながら整理できるのも素晴らしいところなんですよ。しかもさ、この本には友情や強い絆《きずな》を感じた相手にしか性的欲求を感じないタイプの人を示す「デミセクシュアル」って言葉が紹介されていて、「わたしこれじゃん！」って自己発見もあって。思えば9月の章で「友情ベースの恋愛」について書いていたけど、だからか、みたいな（笑）。

清田　その流れで言うと、『おうち性教育はじ

BOOK

『マンガでわかるLGBTQ+』
著：パレットーク、マンガ：ケイカ、
講談社

めます　一番やさしい！　防犯・SEX・命の伝え方』（フクチマミ、村瀬《むらせ》幸浩《ゆきひろ》）は性教育の入門書として激推しです。性の問題について、科学的なメカニズムと人権意識をベースに説明していくのが特徴で、マジで保健体育の教科書にしてもらいたいレベルの一冊なのよ。すべての人は個人として尊重されるべき存在で、プライベートゾーンといって、水着で隠れるようなところは誰にも触らせてはならないし、触るのもダメだと丁寧に教えていく。恋愛やセックスのような侵入性の高い行為に関しては、相手がどうされたいか、何をされたくないかを知り、途中で気が変わることも当然あるので、何か違和感があればストップし、その都度意思確認をしながら進めていくのが大事だよねって、本当に基本のキからわかりやすく教えてくれるのがすごくよくて。

トミ　性暴力とかセクハラって、状況を主観だけで判断して、被害を小さく見積もってしまう可能性があるものだからこそ、まずは科学的なメカニズムと人権感覚を学んでいこうねっていう考え方はとても大事だと思う。

清田　あと、前に大学の授業で「恋愛するのは怖いけど、恋愛の話をするのは好きです」って意見を聞いたことがあって、もしかしたらそういう人も結構いるかもと思い、

COMIC

『おうち性教育はじめます
一番やさしい！ 防犯・SEX・
命の伝え方』
フクチマミ、村瀬幸浩、
KADOKAWA

自分たちの本で恐縮ですが、桃山商事のメンバーで恋愛にまつわるエトセトラを語り合った『モテとか愛され以外の恋愛のすべて』をご紹介します。その学生の意見は自分としても発見で、つまり「安全に恋愛成分を摂取できる」ってことだったのね。恋バナにはバカバカしいエピソードもあるし、真剣に考えていくと哲学のようなところに触れる瞬間もあるし、自分の価値観や人間関係を見つめ直すきっかけになったりするかもしれない。たとえば恋愛するのが怖いと思う人がいたとして、その背景にあるのはどんなことなんだろうっていうふうに話を広げていけば、経験の有無に拠《よ》らない語りが開ける可能性もある。恋バナってプライバシーに関わる問題も多々あるので、安全の確保が大事になってくると思うんだけど、本で読むというのはそのひとつの手段になり得るなって。

トミ　いろんな事例を知るというのはすごく大事だと思う。わたしも手前みそですけど、自著『夫婦ってなんだ？』をオススメさせてください。これは実在する夫婦と映画やマンガなどのフィクションに登場する夫婦を横断的に紹介しながら、様々な夫婦のあり方を考えていく本なんだけど、とにかく「いろんな夫婦がいるんだな」ってことがわかると思う。正しい結婚とか、夫婦のあるべき形とか、世間はいろいろ言ってくるけど、てんでばらばらな夫婦

BOOK

『モテとか愛され以外の恋愛のすべて』
桃山商事、イースト・プレス

のあり方を見て、自分たちは自分たちなりの夫婦になっていけばいいんだって思ってもらえたらなって。わたしはあらゆる人に夫婦になれとも、結婚しろとも言わないけど、結婚してみたいと思っている人には、この本を届けたい。ちゃんとした夫婦にならなくちゃいけないんじゃないかとか、夫婦とはこうあるべきなのではないかみたいなことを考えてしまうような、真面目だからこそ悩みがちな人に読んでもらえたらうれしいですね。

清田　このテーマちょっと長くなってしまったけれど、あと少し……。推しを考える上でトミヤマさんがオススメしてくれたのが『一生楽しく浪費するためのお金の話』です。

トミ　これはオタク女子4人組で結成された劇団雌猫《げきだんめすねこ》が、フィナンシャルプランナーの篠田尚子《しのだしょうこ》さんと一緒に出した本で、推しと一緒に生きていくためにお金の問題をちゃんと学んでいきましょうという内容になっています。NISAとかiDeCoの解説があってすごく勉強になるんだよね。推しに貢ぎまくって、経済的なことが疎かになって、あの人ダメじゃんみたいに思われる……というオタクのイメージはもう古いんだなとわかります。

清田　推しライフのサステナビリティという点で、『アイドルについて葛藤しながら考

BOOK

『夫婦ってなんだ？』
トミヤマユキコ、筑摩書房

えてみた　ジェンダー／パーソナリティ／〈推し〉』（香月孝史《かつきたかし》、上岡磨奈《かみおかまな》、中村香住《なかむらかすみ》・編著）もオススメしたい一冊です。これは推すという行為にまつわる暴力性や加害性について、それぞれの推しを持つ執筆陣が真剣に考えていく内容で、すごく学びになった。生身の人間を消費するとか、理想のイメージを押し付けてしまうとか、演者に無理や抑圧を強いる構造とか……ファンとして耳が痛い問題とどう向き合うかについて、タイトル通り葛藤しながら論じている姿が印象的だった。

トミ　わたしにも推しがいるけど、負担をかけているのではないかという疑念が常について回るよ。

清田　推しという言葉が社会に浸透したのは2010年代以降のことだと感じるけど、そこまで真摯に考えようというフェーズにきているのは、ひとつのカルチャーとしてすごいことだなって単純に思う。

BOOK

『一生楽しく浪費するためのお金の話』
劇団雌猫、篠田尚子、
イースト・プレス

BOOK

『アイドルについて葛藤しながら考えてみた　ジェンダー／パーソナリティ／〈推し〉』
編著：香月孝史、上岡磨奈、
中村香住、青弓社

トミ　しかもその発展が猛スピードだよね。恋愛観や結婚観に関しても、フェミニズムの考え方なんかが入ってきて徐々にアップデートされてるとは思うけど、推しカルチャーに関する議論もすごいスピードで深まっている。現在進行形でいろいろなことを学べるジャンルだと思います。

暮らしの心得

清田　少しずつ対面授業も復活してきたとはいえ、まだまだオンライン授業も多く、コロナ禍を生きる大学生にとって、自宅にいる時間はそれなりの比重を占めるものになっているのではないかと思います。「暮らしの心得」で言うと、どんな本があるかな。

トミ　『ひとり暮らしで知りたいことが全部のってる本』は、暮らしの入門書として推したい一冊です。イラストやデザインがかわいいのもさることながら、必要なことがすべて網羅されてるのよ。ネットに「本当に全部載ってました」みたいな直球のレビューがあるくらいで（笑）。

清田　家事やら料理のイロハが載ってるってこと？

トミ　本当の初歩の初歩、まず部屋探し&引っ越しから始まってるのがおもしろいところで、内見のポイントとかも解説されています。それからインテリアや収納といった話があって、掃除や片づけ、料理や洗濯に入っていき、お金の管理術、防犯・防災、ご近所付き合いのコツ、勧誘や詐欺、ネットトラブルの対処法から心の健康を保つ一人時間の過ごし方まで……とにかく手厚いのよ。

清田　タイトルに偽りなしだね。確かにどれもYouTubeなんかで学べそうなことではあるけど、一冊に全部がまとまっている良さってあるし、本の強みだと感じた。

トミ　そうなのよ。もちろん調べれば一個一個のことはネットの海に存在してるんだと思うけど、「とりあえずこの一冊を持っておけば安心」ってところがポイントだと思う。保護者が意外に知らないこともあるじゃないですか、親世代とは事情が変わっていたりとかもするし。保護者がまるっと面倒見てくれるかというと、そうじゃないと思うから、まずはこの本で生活のベースを作っておいて、徐々にまわりの人の意見とかを取り入れながら自己流のやり方を確立していけばいいんじゃないかなって思いますね。最初から自己流でどうにかしようとしなくていいんだよというのは、ひとつの「暮らしの心得」としてお伝えしたいなと。

清田　生活能力って言葉もあるくらいだし、入

BOOK

『ひとり暮らしで知りたいことが全部のってる本』
編：主婦の友社、主婦の友社

門書から入るの大事だな……俺も買おう。

トミ　もうひとつ、真面目なマニュアル本が苦手な人には『極主夫道』（おおのこうすけ）もオススメ。このマンガは、バリキャリ系の妻を持つ元極道の男の人が主夫をやっているという設定になっていて。見た目はめちゃくちゃ怖いんだけど、楽しみながら料理や掃除をやるっていう話です。たとえばロボット掃除機に向かって「もっと角ん所カチコまんかい!!」とか言ってるのがすごいおもしろくて笑っちゃうんですよね（笑）。読みながら家事への苦手意識がほぐれていくようなところがあると思うし、とにかく遊びの要素が満載だから、読んでるうちに家事を楽しくやれるようになるんじゃないかなって。一方の清田くんが挙げてくれたのは『ひらやすみ』（真《しん》造《ぞう》圭《けい》伍《ご》）と『ニューヨークで考え中』（近藤《こんどう》聡《あき》乃《の》）というふたつのマンガ作品だけど、これは？

清田　街との関わり合いみたいなのも暮らしにとっては大事だなということで、この2冊を選びました。実家住まいの人は別かもしれないけど、地元を離れて暮らしている人の中には、街と自分が接続されている感じがしない人も多いんじゃないかと思って。よく行くお店や公園があるとか、この道を抜けるとあそこにつながるとか、街の地図や景

COMIC

『極主夫道』
おおのこうすけ、新潮社

色と自分の身体がつながってるみたいな感じって子どもの頃はあったと思うんだけど、ひとり暮らしをしている街とかだと、なかなかその感覚が得られなかったりする。特に学校や仕事、遊びや趣味なんかで忙しかったりして、家には寝に帰るだけみたいな毎日だと、駅と家の道、よく行くコンビニくらいしか街との接点がなくて、そこで生活しているという実感が希薄になりがちというか。実際に俺も、20代の後半に暮らしていた街ではそんな感じだった。

トミ　なるほど、そういうことか。『ひらやすみ』と『ニューヨークで考え中』は、どっちも主人公がよく散歩をしているし、地域にコミュニティなんかもあって、街とのつながりが感じられる作品だもんね。

清田　それが暮らしの実感にもつながっているように見えるんだよね。俺も特に子育てが始まって以降は、スーパーに行ったり薬局に行ったり、いろんな公園に連れて行った

COMIC

『ひらやすみ』
真造圭伍、小学館

COMIC

『ニューヨークで考え中』
近藤聡乃、亜紀書房

り、街のあちこちを動き回るようになって、身体感覚が毛細血管のように張りめぐらされていって、すごく街とのつながりを感じられるようになった。しかも子どもたちが保育園に行くようになってからは顔見知りが増え、近所でばったり会って立ち話するみたいなことも増えて、段々と地元感みたいなものも出てきて。

トミ 昔の大学生はわりと暇だったから、喫茶店に行ったり雀荘《ジャンそう》に行ったり映画館に行ったりする中で、地元感というものが自然に立ち上がっていったわけじゃないですか。でも、これまで我々が話してきた大学生の姿が実態に近いものだとするならば、ノルマやタスクに追われ、目の前のことで汲々《きゅうきゅう》としてしまうというのが基本だから、街との接点が生まれる余地や余白なんてなかなかなさそう……。そうなると、就活や婚活みたいな感じで、生活だってひとつの活動として頑張らないといけない時代なのかもしれないよね。

清田 そうか、生活って生きるための活動と書くもんね……。

トミ ある種の〝活〟として意識的にやっていかないと、生活圏が広がっていかなそうだなって。放っておくと、本当にいろんなことにどんどん時間が取られていっちゃうのが今の若者だと思うので。そう考えると、『ひらやすみ』や『ニューヨークで考え中』って、ある意味では生活を守るための「戦いの書」なのかもしれない。

清田 確かに、生活ってそんな簡単に手に入るものじゃないしね……。でも、思い切って手を伸ばした先には、素敵なお店とか、居心地のいい公園とか、自分にフィットした居場所が見つかったりもするもんね。

トミ　うん。お決まりのルートじゃなくて、たまには通ったことのない道を行ってみようかなとか、いつもチェーン店ばっかじゃなくて、たまには個人商店にも行ってみようかなとかね。もちろんコンビニやチェーン店でもいいんだけど、店員さんに「こんにちは」ってあいさつしてみるなどしていつものパターンやルーティンからちょっとはずれてみることも、暮らしを変えていくきっかけになるかもしれない。そうやって自分なりの生活を構築していって欲しいなって思いますね。

旅と出会い

トミ　次のテーマは「旅と出会い」です。コロナ禍になって以降、旅って言われたときの質感がだいぶ変わってしまったとは思うんですよ。でも、またみんな旅に行くだろうと思うし、今だって行ける範囲で旅行してる人はいるわけで、まったく旅をしないという状態はちょっと考えられない。だから「今すぐ」って話ではないけれど、旅に関する本も紹介できたらなと思います。まずは香山哲《かやまてつ》さんのマンガ『ベルリンうわの空』からいきましょう。

清田　これ、最近いろんなところでオススメされ、めちゃくちゃおもしろかった！

トミ　日本とは時間の流れが全然違うんだよねえ。香山さんは単身ベルリンに渡り、絵を描いたり街をぶらついたり、現地で出会った人たちとコミュニティを作って困っている人たちのための活動をしたりしながら生活をしています。何というか、旅するような気軽さで移住しているのがいいなって。もちろん大変なことはいっぱいあるんだけど、読んでいて不思議と重くないんですよ。旅に行ったら必ず帰ってこないといけないのか、そこに住んじゃってもいいんじゃないかみたいな。そういう旅との出会いもいいなって気持ちになりましたね。観光旅行ももちろんいいんですけど、もっと軽はずみに、好きになった国に引っ越しちゃうみたいなことを、大学生なら夢想してもいいよねって思います。

清田　もう一冊、『北欧こじらせ日記』（週末北欧部ｃｈｉｋａ）を挙げてくれてたけど、これはどんな本なの？

トミ　北欧が好きすぎて、北欧に移住したいと思ってすし職人になるって決めて、会社員をやりながら専門学校に行って職人の資格を取り、Ｚｏｏｍとかを使って就活して、本当にフィンランドですし職人になっちゃった女性のコミックエッセイで、とにかく夢のある話なのよ。多分、最初は移住するとまでは考えていなかったと思うのね。働いて貯めたお金で隙あらば北欧に行くぞみたいなさ。そこまではみんなするじゃないですか。それこそ推しに貢ぐ感覚で、「この国が推し！」みたいな感じだから。だけど、そこから本当に人生が変わっていっちゃうというところにすっごく夢があって、旅の先に人生がある人っているんだなと。それって本当にカッコいいなって思うし、誰にでもできることじゃないけれど、読んでると元気が出る！

清田　話を聞いてるだけで旅に出たくなるような本だね！　俺は「テーマを持って旅をするとおもしろいかも」って視点で、メレ山メレ子さんのエッセイ『メメントモリ・ジャーニー』をオススメしたいなと。「メメント・モリ（＝死を想《おも》え）」のタイトル通り、いろんな場所を訪ね歩きながら死について考え、様々な死生観に触れ、人生の残された時間に思いを馳《は》せる中で、なぜか「ガーナでオーダーメイドの棺桶《かんおけ》を作ろう」「都内に中古マンションを購入し、リノベーションして理想の住まいを手に入れよう」と、壮大

COMIC

『ベルリンうわの空』
香山哲、イースト・プレス

COMIC

『北欧こじらせ日記』
週末北欧部chika、
世界文化社

なジャーニーに発展していく。その様子は冒険のようでもあり、ぐいぐい引き込まれる。

トミ　背骨が一本通っているところが素敵ですよね。

清田　「死」というテーマが羅針盤みたいになっていて、探索しながら、行き当たりばったりのところもありつつ、偶然なんかにも左右されながら、一つの目的に向かって進んでいき、やがてまた日常に帰ってくるわけだけど、旅を経験する前と後では、自分の中に様々な変化が生じている。

トミ　清田くんはもう一冊、花田菜々子《はなだななこ》さんの『出会い系サイトで70人と実際に会ってその人に合いそうな本をすすめまくった1年間のこと』を挙げてくれたけど、そうか、旅行記とかではないけれど、テーマを携えて出会い系サイトという森に潜った冒険の記録という意味で、これもある種のジャーニーだね。

清田　花田さんは書店員で、人に本を薦めるのが大好きで、夫婦関係や仕事のことなど人生に行き詰まりを感じた33歳のとき、タイトルに記されている計画をふと思いつく。そして実際に70人の人と会い、おしゃべりをして人となりを探り、その人に合いそうな本をオススメしていくわけだけど、嫌な目に遭ったり、思わぬ手応えを感じたりというのを繰り返しながら、転職や離婚といった個人的な問題とも向き合っていくストーリーで。俺も桃山商事でまったく初対面の人から恋愛の悩みを聞くという活動をやっているけど、たかだか2時間程度の出会いでも、発見もあるし刺激もあるし、自分の中に様々な変化も生じる。それがすごく旅っぽくもあって。

トミ　確かに。別に遠くに行かなくても、旅はできるという発想の転換だよね。人と出会ってしゃべることを一種の旅と捉えられれば、別にパスポートなんかなくてもいいんだよねっていう。

清田　そうそう。メレ山さんも花田さんも、「これやったらバズりそうだな」とかではなく、自分自身を捉えて離さない、切実なテーマを携えてジャーニーしているのが素敵だなって思う。もちろん危険やリスクも伴うから手放しで推奨はできないけど、テーマを持って旅するって視点もあっていいかなということで、この2冊をオススメしました。

BOOK

『メメントモリ・ジャーニー』
メレ山メレ子、亜紀書房

BOOK

『出会い系サイトで70人と実際に会ってその人に合いそうな本をすすめまくった1年間のこと』
花田菜々子、河出書房新社

世界のしくみ

トミ　旅の次ということで、自分たちが生きるこの世界について考えてみたいと思います。今は多様性が大事だと言うけれど、それは単に「みんなちがって、みんないい」という平和な話だけではないんですよね。世界には猥雑《わいざつ》で危険なことがいくらでもあるし、理解不能な他者とだって共生していかねばならない。つまり、あらゆるものには光と影があってですね……みたいな思いを胸に、２冊の本をオススメしたいと思います。まずは柏木《かしわぎ》ハルコさんの『健康で文化的な最低限度の生活』。これはマンガ作品で、生活保護の担当になった新米公務員が、貧困の現場を駆けずり回りながら、いろいろなケースを担当していくという話です。大学生だとまだ生活保護と聞いてもピンとこないか、あるいはネットで見聞きした印象を元に、〝ナマポ〟とか言って、ズルして税金をちょろまかしてるんだろうみたいに思ってる人もいるかもしれないけど、そのイメージだけで語らないで欲しいな

COMIC

『健康で文化的な最低限度の生活』
柏木ハルコ、小学館

と。マンガという形で触れ合ってみると、生活保護を申請している人にはいろいろな事情があるんだってことが見えてきますから。

清田　タイトルがすごいよね。「健康で文化的な最低限度の生活」というのは日本国憲法第25条で保障されている生存権のことで。

トミ　この作品を読むと、その生存権を保つというのはかなり大変なことで、普通に生きていけるって実はすごいことなんじゃないかと思えてくる。この世界は資本主義社会で、格差も搾取も現実に存在しているわけだよね。だから「努力すれば解決する」みたいな単純な話じゃないし、貧困がどういうふうに引き起こされ、たとえばそれが世代間でどのように連鎖していってしまうかといったことを、いろんな角度から考えていく必要がある。作品の中には、生活保護をもらっている人からお金を搾取するあくどいやつらも出てきたりして、生活保護をめぐる闇の深さについても知ることができますし、現実の多様な側面について知るきっかけになると思うので、ぜひ読んでもらえたらなって。

清田　トミヤマさんの挙げてくれたもう一冊は、俺も縁あって帯文を書かせてもらった『差別はたいてい悪意のない人がする　見えない排除に気づくための10章』（キム・ジへ：著、尹怡景《ユンイキョン》：訳）です。これは無自覚の差別について考えるきっかけを与えてくれるようなエッセイだよね。

トミ　本当にタイトルが素晴らしくて、これだけでも覚えて欲しいですね。差別の問題って、悪意を持ってひどいことを言う人は本当にひと握りなんですよ。そういう明らかにアウトな人にはアウトだよって言いやすいし、本人が反省する機会もあるかもしれない。でも、残念ながらある種の特権を持っている人が無自覚なまま差別していて、そのことに気づかないでいることのほうが圧倒的に多い。もちろんわたしにもその可能性は全然あって、これからもうっかり失言しちゃいそうだなって思ってるし、もちろん自分でも気をつけるけれど、いざ失言しちゃったときに、それはアウトだよって指摘してくれる人がいたら、絶対に大切にしなくちゃって気持ちになった。差別する側の意識を持てたという意味で、この本にはとても感謝していますね。

清田　著者自身が悪気なく差別的な発言をしてしまい、それを指摘されて動揺するエピソードから始まっているのがすごくいい。自分の無自覚な行動や発言が、受け手によってはこう聞こえてしまうかもしれないよってことを、非常にわかりやすく解説してくれている。自分がどの立場にいるのかを考えさせてくれる本でもあるよね。

トミ　そうなんだよね。「こうすればもう差別しなくて済みます」という本じゃなくて、「いつかはやってしまうかもしれない」みたいな意識を持ちながら、ともに学び続けて

BOOK

『差別はたいてい悪意のない人がする　見えない排除に気づくための10章』
著：キム・ジヘ、訳：尹怡景、大月書店

いきましょうってスタンスなのが素晴らしい。誰でも間違い得るというのは耳の痛い指摘だし、不愉快に感じる人もいるかもしれないけど、間違えたときにどうするかということを考えておいたほうが、生きやすくなるとわたしは思う。決して説教するようなものではなく、むしろ戸惑う気持ちに寄り添ってくれる本になっているので、そこは安心して読んで欲しいなって。あと逆に、自分は差別される側にいるのではないかと感じている人――たとえば心身に障害を持っていたり、外国にルーツを持っていたりする人が読んでも、差別をめぐる問題の解像度が変わってくると思うので、ぜひオススメです。

清田　その流れで言うと、トミヤマさん推薦の『私たちにはことばが必要だ　フェミニストは黙らない』（イ・ミンギョン：著、すんみ、小山内園子《おさないそのこ》：訳）も、差別とどう戦っていくかということを解いた実践の書だよね。

トミ　これは韓国のフェミニストが書いた、性差別に対抗するためのマニュアル本なんだけど、いざ差別的な言動を向けられてしまったときにどう反応すればいいのかということが、ものすごく具体的に書かれている。無視するもよし、言い返すもよし。ひとつひとつの事例を論理的に解説し、「この場合はこう返答しましょ

BOOK

『私たちにはことばが必要だ
フェミニストは黙らない』
著：イ・ミンギョン、
訳：すんみ、小山内園子、
タバブックス

う」「これは加害者の常套《じょうとう》手段なので相手をする必要はありません」みたいに、今すぐ使えるマニュアルとして整備されているのがとにかくありがたいんだよね。

清田　しかもさ、悪意をモロにぶつけてくるというより、巧妙でズルいやり方——さも「加害者じゃありませんよ」みたいな、むしろ「こっちが被害者ですよ」「あなたの矛盾を指摘してるだけですよ」みたいな顔で攻撃してくる系のものも多いと思うんだけど、そういう狡猾で卑劣な差別に対しても、全部やり方を見抜いた上で具体的な対応策を教えてくれるのが頼もしいよね。

トミ　このテーマも長くなってしまったけど、もうちょっと。清田くんが挙げてくれた小説『あなたの教室』（レティシア・コロンバニ：著、齋藤可津子《さいとうかつこ》：訳）は、『三つ編み』が世界的に話題になった著者の作品だよね。

清田　これも縁あって帯文を書かせてもらった本なんだけど、ズドーンと食らうような小説だった。元教師のフランス人女性がインドに行き、学びの機会を奪われていた少女たちのために学校を作るという物語なんだけど、女子は家の労働力だし、どうせ嫁に出すんだから、教育なんて要らないという考え方の場所で暮らす中で、偶然いろんな出来事があり、やはり女子に教育は必要だし、自分の自由や権利について学んで知るべきだと一念発起する。現地で出会った仲間とともに学校を建設し、親にお金を渡してまで説得しながら子どもたちを集めていく様子は本当に胸アツなんだけど、一方で、西洋人がインドの文化や価値観をある意味〝啓蒙《けいもう》〟していくということに付随する暴力性とかも同時に描かれていて。特に学校で学び、自由と権利の意識に目覚めた女子が、まさにそれが原因で不幸に見舞われてしまうといった事件も起きたりして、自分がやっていることは本当にいいことだったのかと、主人公がひたすら自問自答を重ねていくところもすごかった……。

トミ　目覚めさせてよかったのだろうか……みたいな葛藤だよね。大学生にもぜひ読んで欲しいなと思ったよ。これは学問の本質だと思うけど、学ぶってことは本来とても危険なことじゃないですか。むちゃくちゃ革新的なことを学んだがために、親子が断絶したり、命を失ったりということも、最悪の場合起こり得る。その人にとっての世界が変わって、もう後戻りができなくなるというのも、学びが持っているひとつの力だと思うんです。

清田　そうか、だから支配層は学習の機会を取り上げる。学ばれると困るから。

トミ　そうだね。無知でいてもらったほうがコントロールしやすいし、命じた通りに働かせて生産性を上げたほうが、支配層的には都合がいいわけで。

BOOK

『あなたの教室』
著：レティシア・コロンバニ、
訳：齋藤可津子、早川書房

清田　なんかちょっと怖くなってきた。だってそれ、我々が暮らしているこの日本社会にも通じる話のような気がするので……。『ヘルシンキ　生活の練習』（朴沙羅《パクサラ》）は、著者がふたりの子どもを連れてヘルシンキに移住し、縁もゆかりもない土地で暮らし始めるというテーマのエッセイ集なんだけど、なんというか、フィンランドと日本ではＯＳ（オペレーション・システム）が全然違うなって感じた。この本では帯や各章の扉で様々な言葉が紹介されていて、それはヘルシンキで出会った人たちのセリフなのね。保育園の先生とか救急隊員とか、支援員とか相談員とか。

トミ　普通だと偉人の名言とかが来そうなところだけど、そうじゃないんだ。

清田　すべての言葉から感じるのが「個人を尊重する」という姿勢で。みんなが自分なりの人生を送れるよう、個人個人の自由や権利をちゃんと保障するのが社会であり、それぞれの置かれた状況に応じて何ができるかという発想で社会が動いていくから、言葉のサポートをつけてくれたり、子どもの事情に合わせたプランを用意してくれたりと、支援が柔軟で手厚い。それは特別扱いとかではなく、「個人を尊重するのは当然のことでしょ」って感じなので、そういうものと比較してしまうと、日本はつくづく「まわりに迷惑かけるな」「わ

BOOK

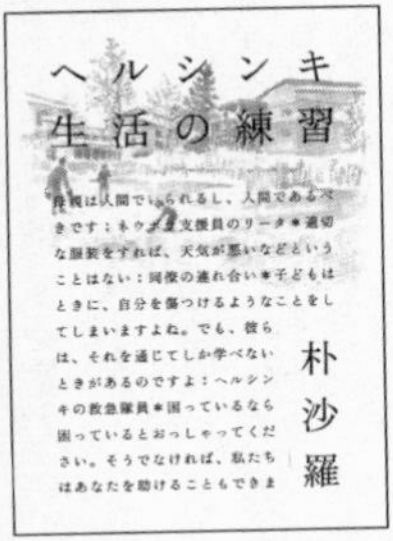

『ヘルシンキ　生活の練習』
朴沙羅、筑摩書房

がまま言うな」「個人の事情は差し置いて全体に合わせろ」というOSで動いてる社会だよなって痛感する。自分が暮らす国とは異なる原理原則で動いている社会の存在を体感できるという意味で、ぜひオススメしたい一冊です。

仕事とわたし

清田　しゃべりにしゃべってきたアフタートークもいよいよラスト。そんな社会に出て働くことになるであろう大学生に送る最後のテーマは「仕事とわたし」です。

トミ　本当はしたくないんですよ、仕事の話なんて。大学生のうちは、大学生であることに集中して欲しいので。でも日本の社会はそれを許してくれない。就活のスタート時期もどんどん早まっていて、インターンシップとかもやらなくちゃいけないし。そういう状況では仕事について考えることから逃れられないと思うので、だったら考えるだけ考えてみたほうがいいかもと思い、2冊の本を紹介します。まずは『友達0のコミュ障が「一人」で稼げるようになったぼっち仕事術』（末《すえ》岐《き》碧衣《あおい》）。タイトルの通り、著者はコミュ障を自認するエンジニアです。新卒で入った会社では全然ダメダメだったんだけど、チームプレイを避け、独立してひとりでできる仕事に専念するようになったら、一度も営業せずに年収が3倍になりましたという話なのよ。わたしは正直ビジネス書とかあまり好きじゃないんだけど、これはめちゃくちゃおもしろかった。

清田　確かにトミヤマさんがビジネス書を挙げてくれたのは意外だったけど、無理してもつらいだけだし、自分に合った環境で働こうというメッセージはすごくいいね。

トミ　そうなの。しかも、会社員時代はいかに仕事ができなかったか、いかに人間関係を壊してしまったかみたいなエピソードを出し惜しみせず語ってくれているし、その上で「コミュニケーションが苦手なら苦手でいい」「そのままでもうまく働ける道はある」「無理して普通の人間のふりをしなくてもいい」といったメッセージをビシビシ伝えてくれるのがめちゃ心強い！

清田　自分に合う働き方を模索するという意味では、『遊んで暮らす　コレジャナイ仕事術』（ザリガニワークス）もオススメ。これは10年くらい前に俺が構成ライターとして制作に参加させてもらった本なんだけど、個人的にも、そのとき所属していた会社を辞めて独立を決意するきっかけになった仕事だったのね。

トミ　そうだったんだ。清田くんと知り合って10年近くになるけど、その話は初めて聞いたかも。

清田　ザリガニワークスは二人組のマルチクリエイティブ会社で、たとえば「コレジャナイロボ」という、ガンダムをねだられた親がなんとなくのイメージで買ってきちゃったパチモンみたいな、子どもが「欲しかったのはこれじゃない！」って思うロボットのイメージを具現化したようなおもちゃとか、ガチャガチャの世界で大ヒット商品となった「土下座ストラップ」とか、そういうバカバカしくもクリエイティブな商品を開発している人たちなのね。この本では「やりたいことをする」のが幸せに働く秘訣だと述べていて、やりたい仕事というとつい職業のジャンルをイメージしてしまうけど、そうではなく、その人の〝根源的な欲求〟を叶えることが重要だと言ってるのがこの本のユニークなところで。

トミ　確かに「どんな仕事がしたいですか？」って聞かれたら、会社員とかデザイナーとか、農業とか医者とか、なんらかの職業の話をしてしまいそうだけど、それはどういうことなの？

清田　たとえば我々はライターという仕事をしているけど、純粋に文章を書くのが好き

BOOK

『友達0のコミュ障が「一人」で稼げるようになったぼっち仕事術』
末岐碧衣、アルファポリス

BOOK

『遊んで暮らすコレジャナイ仕事術』
ザリガニワークス、パルコ出版

な人もいれば、有名になることを目指してる人もいるし、取材でいろんな人に会いたいって人もいるじゃない？　同じ職業であっても、モチベーションになっているものは人それぞれだったりする。そういう根源的な欲求をまずちゃんと自分で把握して、それを叶えられる仕事はなんだろうという順番で考えていくと、やりたいことをやれるんじゃないか、それで楽しく生きられるんじゃないかと。実際にザリガニワークスのふたりも、それぞれ根源的な欲求は異なっているんだけど、うまく両立できるような組み合わせになっていて、いつも本当に楽しそうなのよ。

トミ　自分サイズのモチベーションを見つけるってすごく大事だね。それで言うと、我々も大いに影響を受けている『プリンセスメゾン』（池辺葵《いけべあおい》）はやはりオススメ。主人公の沼ちゃんこと沼越幸《ぬまごえさち》は居酒屋チェーンの正社員として働く20代女性で、年収は300万円に届かないくらい。そして居酒屋では仲間からの信頼を得ていて、メニュー開発なんかも任されている。地道ながらも自分らしく働けているというのが素敵なんだよね。

清田　そして沼ちゃんは、高校時代に両親を亡くしたこともあり、自分の家を持つことに強いこだわりがある。理想のマンションを買うのが大きなモチベーションなんだよね。

トミ　たとえ大きな会社に入れなくても、そんなに稼ぎが多くなくても、計画的にやればマンションが買えるかもしれないというむちゃくちゃ夢のある話で、特に都市部で、ひとりぼっちで頑張ってる女性とかが読むと、すごく勇気づけられると思う。しかも元は総合不動産デベロッパーがバックアップしていた連載で、出てくるデータがかなり正確なんですよ。これくらいの年収の人で、これくらい貯金があると、これくらいのマンションが買えますというリアルな部分が学べる。それにさっきのジャーニーともつながってくると思うけど、マンションを買うという大きな目標に向かって突き進んでいるうちに、社縁にも血縁にもよらない新たな仲間ができて、その人たちに支えてもらいながら彼女の人生が立ち上がっていくところも素晴らしくて。働くことと自立して生きていくことがすごく有機的に結びついている物語なので、ぜひ大学生のうちに読んで欲しいです。

清田　最後にもうひとつ、これは単行本版の「アフタートーク」でトミヤマさんが紹介してくれたマンガだけど、大学生が仕事について考える上で最高の作品ゆえ、『白エリと青エリ』（関根美有《せきねみゆう》）をもう一度オススメしたいなと。

トミ　確かにこれは何度でも紹介すべき作品ですね。高校生のエリが、両親と祖父母、３人の兄とお姉ちゃん、さらにはひいおじいちゃんまで同居している大家族の中で、みんなにインタ

COMIC

『プリンセスメゾン』
池辺葵、小学館

ビューしまくりながら「仕事とは何か」について考えていくという作品で、ほのぼのしているけどすごく哲学的。

清田　家族のことを〝社会人〟として見ているところが画期的だなって思う。母とか父とか祖母ではなく、職業を持つひとりの大人としてその労働観に迫り、進路に悩むエリはそれを参考に自分の人生について考えていく。

トミ　好きなこととか、ハッキリした目標とか、もちろん見つかったらいいなと思うけど、なかなか見つからない人だっている。わたしが関わってる学生にも、就活の準備をしろと言われても、「やりたいことがわからないのにインターン先なんて探せません(泣)」みたいな人が全然いますからね。その意味で、このマンガで描かれていることは本当に実践的だと思う。

清田　エリの家族にはいろんな働き方の人がいて、職人のおじいちゃんとか、年を取ってから翻訳の仕事を始めたおばあちゃんとか、会社員の父や姉とか、専業主婦のお母さんとか……あと近所には売れないお笑い芸人をやってる叔父さんも住んでいて、それぞれに取材し、他者の様々な考えや言葉に触れることで、将来どうしたいかの輪郭が少しずつ浮かび上がっていくところも素敵だよね。

COMIC

『白エリと青エリ』
関根美有、タバブックス

トミ　そうそう。やりたいことがわからないときって、つい「自分の内面を掘り下げよう」みたいになってしまいがちだけど、その前にまず情報を集めるというのも大事で。後からじわじわ「じゃあ自分はどうしたいのか」が見えてくるというアプローチもありだってことを教えてくれる作品ですよね。

清田　いやあ、ここまで全部で30作品を紹介してきましたが、導入部分も含め、あまりに長いアフタートークになってしまいました（笑）。6年分の思いを詰め込んだ結果ということで、どうかご容赦を……。

トミ　確かに長いな（笑）。でも、今の自分に必要なところからつまみ食いするように読んでもらって全然構いませんので！　数年後にふと思い出してこのページに舞い戻るのもありですよ。人生に悩みや迷いはつきもの。我々はずっとここであなたのことを待っています！

本書は、二〇一七年四月、左右社より刊行されました。
文庫化にあたり、書き下ろし「文庫版アフタートーク」
を加えました。
初出　マイナビニュース「大学デビューの落とし穴」
二〇一五年四月〜二〇一六年三月

本文デザイン／宇都宮三鈴
本文イラスト／小幡彩貴

集英社文庫　目録（日本文学）

集英社文庫　目録（日本文学）

中島京子　かたづの！
中島京子　キッドの運命
中島たい子　漢方小説
中島たい子　そろそろくる
中島たい子　この人と結婚するかも
中島たい子　ハッピー・チョイス
中島美代子　らも　中島らもとの三十五年
中島らも　恋は底ぢから
中島らも　獏の食べのこし
中島らも　お父さんのバックドロップ
中島らも　こらっ
中島らも　西《さい》方《ほう》冗《じょう》土《ど》
中島らも　ぷるぷる・ぴぃぷる
中島らも　愛をひっかけるための釘
中島らも　人体模型の夜
中島らも　ガダラの豚Ⅰ〜Ⅲ

中島らも　僕に踏まれた町と僕が踏まれた町
中島らも　ビジネス・ナンセンス事典
中島らも　アマニタ・パンセリナ
中島らも　水に似た感情
中島らも　中島らもの特選明るい悩み相談室　その1
中島らも　中島らもの特選明るい悩み相談室　その2
中島らも　中島らもの特選明るい悩み相談室　その3
中島らも　砂をつかんで立ち上がれ
中島らも　こどもの一生
中島らも　頭の中がカユいんだ
中島らも　酒気帯び車椅子
中島らも　君はフィクション
中島らも　変!!
中島らも／小堀純　せんべろ探偵が行く
中島らも　人体模型の夜
長嶋有　ジャージの二人

中園ミホ／古林実夏　ゴースト　もういちど抱きしめたい
中谷巌　痛快！経済学
中谷巌　資本主義はなぜ自壊したのか　「日本」再生への提言
中谷航太郎　くろご
中谷航太郎　陽炎
長月天音　ただいま、お酒は出せません！
中野京子　芸術家たちの秘めた恋　―メンデルスゾーン、アンデルセンとその時代
中野京子　残酷な王と悲しみの王妃
中野京子　はじめてのルーヴル
中野京子　残酷な王と悲しみの王妃2
長野まゆみ　上海少年
長野まゆみ　鳩《はと》の栖《すみか》
長野まゆみ　若葉のころ
中原中也　汚れつちまつた悲しみに……　―中原中也詩集
中場利一　シックスポケッツ・チルドレン
中場利一　岸和田少年愚連隊

集英社文庫　目録（日本文学）

中場利一　岸和田少年愚連隊 血煙り純情篇
中場利一　岸和田少年愚連隊 望郷篇
中場利一　岸和田のカオルちゃん
中場利一　岸和田少年愚連隊 外伝
中場利一　岸和田少年愚連隊 完結篇
中場利一　その後の岸和田少年愚連隊 純情ぴかれすく
中部銀次郎　もっと深く、もっと楽しく。
中村安希　インパラの朝 ユーラシア・アフリカ大陸684日
中村安希　食べる。
中村安希　愛と憎しみの豚
中村うさぎ　美人とは何か？ 美意識過剰スパイラル
中村うさぎ　「イタい女」の作られ方 自意識過剰の姥皮地獄
中村勘九郎　勘九郎とはずがたり
中村勘九郎　勘九郎ひとりがたり
中村勘九郎 他　中村屋三代記
中村勘九郎　勘九郎日記「か」の字

中村計　佐賀北の夏
中村計　勝ち過ぎた監督 駒大苫小牧 幻の三連覇
中村計　甲子園が割れた日 松井秀喜5連続敬遠の真実
中村航　夏休み
中村航　さよなら、手をつなごう
中村修二　怒りのブレイクスルー
中村文則　何もかも憂鬱な夜に
中村文則　教団X
中山可穂　猫背の王子
中山可穂　天使の骨
中山可穂　サグラダ・ファミリア［聖家族］
中山可穂　深爪
中山七里　アポロンの嘲笑
中山七里　TAS《タス》 特別師弟捜査員
中山美穂　なぜならやさしいまちがあったから
中山康樹　ジャズメンとの約束

ナツイチ製作委員会編　あの日、君とBoys
ナツイチ製作委員会編　あの日、君とGirls
ナツイチ製作委員会編　いつか、君へBoys
ナツイチ製作委員会編　いつか、君へGirls
夏樹静子　蒼ざめた告発
夏樹静子　第三の女
夏目漱石　坊っちゃん
夏目漱石　三四郎
夏目漱石　こころ
夏目漱石　夢十夜・草枕
夏目漱石　吾輩は猫である(上)(下)
夏目漱石　それから
夏目漱石　門
夏目漱石　彼岸過迄
夏目漱石　行人
夏目漱石　道草

集英社文庫　目録（日本文学）

夏目漱石　明暗
奈波はるか　天空の城　竹田城最後の城主 赤松広英
鳴海章　幕末牢人譚　秘剣 念仏斬り
鳴海章　求めて候　幕末牢人譚 弐
鳴海章　凶刃　累《かさね》之《の》太刀《たち》　幕末牢人譚 参
鳴海章　密命売薬商
鳴海章　ゼロと呼ばれた男
鳴海章　ネオ・ゼロ
鳴海章　スーパー・ゼロ
鳴海章　ファイナル・ゼロ
鳴海章　レジェンド・ゼロ1985
南條範夫　幕府パリで戦う
西木正明　わが心、南溟に消ゆ
西木正明　夢顔さんによろしく(上)(下)　最後の貴公子・近衛文隆の生涯
西澤保彦　リドル・ロマンス　迷宮浪漫
西澤保彦　パズラー　謎と論理のエンタテインメント

西村京太郎　東京―旭川殺人ルート
西村京太郎　河津・天城連続殺人事件
西村京太郎　十津川警部「ダブル誘拐」
西村京太郎　上海特急殺人事件
西村京太郎　十津川警部　特急「雷鳥」蘇る殺意
西村京太郎　十津川警部「スーパー隠岐《おき》」殺人特急
西村京太郎　十津川警部　幻想の天橋立
西村京太郎　殺人列車への招待
西村京太郎　十津川警部　四国お遍路殺人ゲーム
西村京太郎　祝日に殺人《ころし》の列車が走る
西村京太郎　十津川警部　修善寺わが愛と死
西村京太郎　夜の探偵
西村京太郎　十津川警部　愛と祈りのJR身延線
西村京太郎　幻想と死の信越本線
西村京太郎　十津川警部　飯田線・愛と死の旋律《メロディ》
西村京太郎　明日香・幻想の殺人

西村京太郎　十津川警部　秩父SL・三月二十七日の証言《アリバイ》
西村京太郎　九州新幹線「つばめ」誘拐事件
西村京太郎　十津川警部　小浜線に椿咲く頃、貴女は死んだ
西村京太郎　門司・下関 逃亡海峡
西村京太郎　十津川警部　三陸鉄道　北の愛傷歌
西村京太郎　鎌倉江ノ電殺人事件
西村京太郎　十津川警部　特急「しまかぜ」で行く十五歳の伊勢神宮
西村京太郎　外房線60秒の罠
西村京太郎　十津川警部　北陸新幹線「かがやき」の客たち
西村京太郎　伊勢路《ルート》殺人事件
西村京太郎　十津川警部　雪とタンチョウと釧網本線
西村京太郎　けものたちの祝宴
西村京太郎　十津川警部　九州観光列車の罠
西村京太郎　東京上空500メートルの罠
西村京太郎　十津川警部　坂本龍馬と十津川郷士中井庄五郎
西村京太郎　会津 友の墓標

集英社文庫

文庫版《ぶんこばん》 大学《だいがく》1年生《ねんせい》の歩《ある》き方《かた》

2023年3月25日 第1刷

定価はカバーに表示してあります。

著 者 トミヤマユキコ
清田隆之《きよたたかゆき》

発行者 樋口尚也

発行所 株式会社 集英社
東京都千代田区一ツ橋2-5-10 〒101-8050
電話 【編集部】03-3230-6095
【読者係】03-3230-6080
【販売部】03-3230-6393(書店専用)

印 刷 図書印刷株式会社

製 本 図書印刷株式会社

フォーマットデザイン アリヤマデザインストア マークデザイン 居山浩二

Printed in Japan ISBN978-4-08-744505-3 C0195